Lassy Mbouity

Histoire de la République centrafricaine

2

Lassy Mbouity, né le 15 Octobre 1988 à Brazzaville, est un écrivain et homme politique congolais. Il est actuellement un organisateur de communauté en Afrique, en Europe et aux États-Unis.

Du même auteur

Histoire de la République démocratique du Congo

Histoire de la République du Congo

Histoire de la République gabonaise

Autonomisation politique de la jeunesse africaine

La lutte contre la corruption et les conflits d'intérêts

Révolution de l'éducation africaine

4

Table des Matières

Introduction

Contexte Politique

De la Colonisation à la décolonisation

Colonie française (1894-1940)

Décolonisation (1940-1960)

Saint-Sylvestre (coup d'État)

Le Contre-coup

Coup d'État de Kolingba

Mouvement Pro-démocratie

Gouvernement Patassé (1993-2003)

Coup d'État du Général Bozizé

Coup d'État de la Séléka

L'offensive des rebelles

Appels du gouvernement Bozizé

Les discussions

Attaques contre les journalistes

Accords de cessez-le feu

Chute de Bangui

Le Coup d'état

Séléka du pouvoir

L'opposition anti-Balaka

Origines du conflit

Les Combats

Dissolution de la Séléka et début des hostilités

Les conflits sectaires

Démission du Président Djotodia

Conséquences humanitaires

Répercussions potentielles

Période Samba-Panza

Contexte Historique

Au 16ème et 19ème siècle

Oubangui-Chari

Afrique équatoriale française (AEF)

L'Empire Centrafricain

L'Opération Barracuda

Chute de l'Empire

Barthélemy Boganda

Les États-Unis d'Afrique Latine

David Dacko

Jean-Bedel Bokassa

André Kolingba

Ange Félix Patassé

François Bozizé

Michel Djotodia

Faustin Archange Touadéra

8

Introduction

La République centrafricaine (RCA) est un pays enclavé d'Afrique centrale. Il est bordé par le Tchad au nord, le Soudan au nord-est, le Sud-Soudan à l'est, la République démocratique du Congo (RDC) et la République du Congo au sud et le Cameroun à l'ouest. La RCA couvre une superficie d'environ 620 941 kilomètres carrés et avait une population estimée à environ 5 millions en 2013.

La plupart de la RCA se compose de savanes soudano-guinéennes, mais le pays comprend également une zone sahélo-soudanaise dans le nord et une zone de la forêt équatoriale au sud. Deux tiers du bassin du fleuve Oubangui se jette dans le fleuve Congo, tandis que le reste du Chari se jette dans le lac Tchad.

Une grande partie du pays est constitué d'une savane d'environ 500 mètres au-dessus du niveau de la mer. Dans le nord-ouest se trouve le massif de Yadé, un plateau de granit qui a une altitude de 348 mètres.

Une grande partie de la frontière sud est formée par les affluents du fleuve Congo; la rivière Mbomou à l'est se confond avec la rivière Uélé pour former le fleuve Oubangui, qui compose également des parties de la frontière sud.

Le fleuve Sangha traverse certaines régions de l'ouest du pays, tandis que la frontière orientale se trouve le long du bord du bassin versant du Nil.

Il a été estimé que 10% du pays est couvert par la forêt, avec des parties plus denses généralement situés dans les régions du sud.

Les forêts sont très diverses et comprennent plusieurs espèces.

Au sud-ouest, le parc national de Dzanga-Sangha est situé dans une zone de la forêt tropicale. Le pays est connu pour sa large population d'éléphants et de gorilles.

Dans le nord, le Parc national du Manovo-Gounda est bien rempli par la faune, y compris la présence des léopards, des lions, des guépards et des rhinocéros. Les parcs ont été gravement touchés par les activités des braconniers, en particulier ceux du Soudan, au cours des deux dernières décennies.

Le climat de la République centrafricaine est généralement tropical, avec une saison des pluies qui dure de juin à septembre dans les régions du nord du pays, et de mai à octobre dans le sud.

Les régions du Nord sont chaudes et humides de février à Mai, mais aussi soumises à une période sèche et poussiéreuse connu sous le nom d'harmattan.

Les régions du sud ont un climat plus équatorial et sont soumis à la désertification, alors que les régions de l'extrême nord du pays sont déjà désertiques.

La République centrafricaine est divisée en 16 préfectures administratives, dont deux sont des préfectures économiques et une commune autonome; les préfectures sont divisées en 71 sous-préfectures.

Les préfectures de la RCA sont : Bamingui-Bangoran, Basse-Kotto, Haute-Kotto, Haut-Mbomou, Kémo, Lobaye, Mambéré-Kadéï,

Mbomou, Nana-Mambéré, Ombella-M'Poko, Ouaka, Ouham, Ouham-Pendé et Vakaga.

Les préfectures économiques sont Nana-Grébizi et Sangha-Mbaéré, tandis que la seule commune est la capitale Bangui.

La population de la République centrafricaine a presque quadruplé depuis l'indépendance. Les Nations Unies estiment que près de 11% de la population âgée entre 15 et 49 ans est séropositif.

Seulement 3% du pays reçoit un traitement antirétroviral disponible, par rapport à une couverture de 17% dans les pays voisins du Tchad et de la République de Congo.

Le pays est divisé en plus de 80 groupes ethniques, chacun ayant sa propre langue.

Les plus grands groupes ethniques sont les Baya, Banda, Mandjia, Sara, Mboum, M'Baka, Yakoma et les Fulani, y compris les Européens français.

Selon le recensement national de 2003, 80,3% de la population était chrétienne et 15% musulmane.

Les croyances indigènes (animisme) sont également pratiquées, mais les tensions religieuses entre chrétiens et musulmans sont très élevées.

Les langues officielles de la République centrafricaine sont le français et le Sango ou Sangho.

Le Basket-ball est le sport le plus populaire du pays et un bon moyen de se connecter les différentes ethnies. L'équipe nationale a remporté le Championnat d'Afrique à deux reprises et a été la première équipe de l'Afrique sub-saharienne à se qualifier pour la Coupe du monde de basket-ball.

La République centrafricaine est dotée d'un régime semi-présidentiel. Dans ce système, le président est le chef de l'Etat et le Premier ministre est le chef du gouvernement.

Le pouvoir exécutif est exercé par le gouvernement. Le pouvoir législatif appartient à la fois au gouvernement et au parlement.

Le président est élu au suffrage universel pour un mandat de cinq (5) ans, et le premier ministre est nommé par le président. Le président nomme et préside le Conseil des ministres qui initie les lois et supervise les opérations du gouvernement.

L'Assemblée nationale compte 105 membres, élus pour un mandat de cinq ans.

La Cour suprême est composée des juges nommés par le président. Il y a aussi une Cour constitutionnelle et ses juges sont également nommés par le président.

La République centrafricaine est fortement tributaire de l'aide étrangère.

En 2006, en raison des violences politiques, plus de 50 000 personnes avaient été menacées par la famine, même si cela avait été évité grâce à l'aide de l'Organisation des Nations Unies (ONU).

En réponse aux préoccupations d'un génocide potentiel, une force de maintien de la paix, la Mission d'appui international à la République centrafricaine (MISCA) a été autorisée en décembre 2013. La force de 6 000 personnes de l'Union africaine (UA) a été accompagné par l'Opération française Sangaris.

Le revenu par habitant de la République est d'environ 400 dollars américains par année, un des plus bas au monde.

Pour la plupart des Centrafricains, l'économie informelle est plus importante que l'économie formelle.

La monnaie de la République centrafricaine est le franc CFA qui est utilisé dans les anciens pays de l'Afrique équatoriale française (AEF) et se négocie à un taux fixe par rapport à l'euro.

Les diamants constituent l'exportation le plus important du pays, ce qui représente 55% des recettes d'exportation.

L'agriculture est dominée par la culture et la vente de cultures vivrières telles que le manioc, les arachides, le maïs, le sorgho, le millet et la banane plantain. Le taux annuel de croissance du Produit Intérieur brut (PIB) réel est juste au-dessus de 3%. L'importance des cultures vivrières sur les cultures de rente exportées est indiqué par le fait que la production totale de manioc, l'aliment de base de la plupart des centrafricains, varie entre 200 000 et 300 000 tonnes par an, tandis que la production de coton, la principale exportation des cultures de rente, varie de 25 000 à 45 000 tonnes par an.

Les cultures vivrières ne sont pas exportées en grandes quantités, mais constituent toujours les principales cultures de rente du pays, parce que les centrafricains tirent bien plus de revenus de la vente périodique des cultures vivrières excédentaires que des cultures de rente exportées telles que le coton ou le café.

Cependant, le développement de l'élevage est entravé par la présence de la mouche tsé-tsé.

Les importations de la République centrafricaine proviennent des Pays-Bas (19,5%), du Cameroun (9,7%), de la France (9,3%) et de la Corée du Sud (8,7%). Les partenaires les plus importants sont la Belgique (31,5%), suivie par la Chine (27,7%), la République démocratique du Congo (8,6%), l'Indonésie (5,2%) et la France (4,5%).

La RCA est membre de l'Organisation pour l'Harmonisation du Droit des Affaires en Afrique (OHADA).

Bangui est la plaque tournante du transport de la République centrafricaine.

Les ferries naviguent à partir du port fluvial de Bangui jusqu'à Brazzaville au Congo. De Brazzaville, les marchandises sont transportées par chemin de fer à Pointe-Noire, la capitale économique du Congo.

Le port fluvial gère l'écrasante majorité du commerce international du pays et a une capacité de cargaison d'environ 350 000 tonnes.

L'aéroport international de Bangui est le seul aéroport international de République centrafricaine. Le pays organise des vols directs vers Brazzaville, Casablanca, Cotonou, Douala, Kinshasa, Lomé, Luanda, Malabo, N'Djamena, Paris, Pointe-Noire et Yaoundé.

Depuis 2002, il y a eu des projets gouvernementaux pour relier Bangui à la voie ferrée camerounaise par chemin de fer.

La République Centrafricaine utilise principalement l'hydroélectricité comme source d'énergie.

De nos jours, la République centrafricaine a des services actifs de télévision, des stations de radio, des fournisseurs de services Internet et des opérateurs de téléphonie mobile. Socatel est le premier fournisseur Internet et de téléphonie mobile du pays.

Le principal organisme gouvernemental de réglementation des télécommunications est le Ministère des Postes et Télécommunications.

L'éducation est gratuite et obligatoire de 6 à 14 ans. Cependant, presque la moitié de la population adulte est analphabète.

L'Université publique de Bangui et de l'Université Euclide internationale à Bangui, sont les deux établissements d'enseignement supérieur en République centrafricaine.

Les plus grands hôpitaux du pays sont situés dans la capitale Bangui. En tant que membre de l'Organisation mondiale de la santé, la République centrafricaine reçoit de l'aide pour la prévention des épidémies locales comme la rougeole.

En 2010, l'espérance de vie des femmes à la naissance était de 48 ans et l'espérance de vie des hommes à la naissance était de 45 ans.

Le paludisme est l'une des principales causes de décès en RCA.

En 2010, le taux de prévalence du VIH / SIDA est d'environ 4,7% de la population adulte (15-49).

Il y avait seulement un (1) médecin pour environ 20 000 personnes.

Le Rapport 2009 sur les droits de l'homme a noté que les droits de l'homme en RCA étaient pauvres et a exprimé des préoccupations sur les abus du gouvernement. Les principales violations des droits de l'homme telles que les exécutions extrajudiciaires par les forces de sécurité, la torture, les coups et le viol des suspects et des prisonniers ont toujours eu lieu en toute impunité à cause des mauvaises conditions dans les prisons et les centres de détention, des arrestations arbitraires, de la détention préventive prolongée, du refus d'un procès équitable, des restrictions à la liberté de mouvement, une corruption officielle, et des restrictions sur les droits des travailleurs.

Nous pouvons également citer : la violence, la prévalence des mutilations génitales féminines, la discrimination contre les femmes et les Pygmées, la traite des êtres humains, le travail forcé et le travail des enfants.

La liberté de mouvement est limitée dans la partie nord du pays à cause des bandits armés et en raison des combats entre les forces gouvernementales et les forces rebelles armées.

La violence contre les enfants et les femmes en ce qui concerne les accusations de sorcellerie est aussi citée comme un problème grave dans le pays. La sorcellerie est une infraction en vertu du code pénal.

La liberté d'expression est abordée dans la constitution du pays mais environ 68% des filles sont mariées avant 18 ans.

Ce qui est aujourd'hui la République centrafricaine a été habitée depuis des millénaires. Cependant, les frontières actuelles du pays ont été établis par la France, qui a gouverné le pays comme colonie à partir de la fin du 19ème siècle. Après l'indépendance en 1960, la République centrafricaine a été gouvernée par une série de dirigeants autocratiques.

Dans les années 1990, les appels à la démocratie ont conduit aux premières élections démocratiques multipartites du pays en 1993. Ange-Félix Patassé était devenu président, mais avait ensuite été renversé par le général François Bozizé lors du coup d'Etat de 2003. La première guerre civile centrafricaine a commencé en 2004 mais malgré un traité de paix en 2007 et un autre en 2011, des combats avaient éclaté entre les différentes factions en décembre 2012, conduisant à l'épuration ethnique et religieuse de la minorité musulmane et des déplacements massifs de population entre 2013 et 2014.

En dépit de ses gisements miniers et des autres ressources, telles que les réserves d'uranium, le pétrole brut, l'or, les diamants, le cobalt, le bois et l'hydroélectricité, ainsi que des quantités importantes de terres arables, la République centrafricaine est parmi les dix pays les plus pauvres dans le monde. En 2014, selon l'indice de développement humain (IDH), le pays avait le deuxième plus bas niveau de développement humain, se classant 187ème sur 188 pays.

Il y a environ 10 000 ans, la désertification avait forcé les sociétés de chasseurs-cueilleurs du sud à se diriger vers les régions du Sahel de l'Afrique du Nord, où certains groupes s'étaient installés et avaient commencé à cultiver les terres dans le cadre de la révolution néolithique. L'agriculture initiale de l'igname blanche a progressé à travers la culture du mil et du sorgho il y a 3 000 ans. La domestication du palmier à huile a amélioré la nutrition des sociétés traditionnelles et a permis l'expansion des populations locales.

Cette révolution agricole combinée à une révolution de la pêche, a commencé à prendre place avec l'utilisation de bateaux autorisé pour le transport des marchandises. Les produits ont été souvent transportés dans des pots en céramique, qui sont les premiers exemples connus d'expression artisanale à partir des habitants de la région.

Les Mégalithes de Bouar dans les régions ouest du pays indiquent un niveau d'habitation datant du Néolithique (3 500 à 2 700 ans avant Jésus-Christ).

Pendant les migrations bantoues d'environ 1 000 ans avant Jésus-Christ, les peuples de l'Oubangui s'étaient propagés vers l'est du Cameroun et du Soudan.

Les bantous s'étaient ensuite installés dans les régions du sud-ouest de la RCA, le long de la rivière Oubangui.

Après l'arrivée des bantous, la production du cuivre, du sel, du poisson séché et du textile a dominé le commerce économique de la région.

Pendant le 16ème et 17ème siècles, les marchands d'esclaves ont commencé à attaquer la région dans le cadre de l'expansion des routes sahariennes et du Nil. Leurs captifs ont été asservis et expédiés vers la côte méditerranéenne, en Europe, en Arabie, vers l'hémisphère occidental ou vers les ports d'esclaves du Congo et de l'Afrique du Nord ou du Sud. Au 19ème siècle, les peuples Bobangi étaient devenu des grands marchands d'esclaves en vendant leurs captifs au bord du fleuve Oubangui pour atteindre la côte. Au cours du 18ème siècle, les peuples Bandia-Nzakara vont établir le Bangassou Uni le long de la rivière Oubangui.

C'est en 1875 que le sultan soudanais Rabah a gouverné la Haute-Oubangui, qui inclus la RCA actuelle.

La pénétration européenne dans les territoires de l'Afrique centrale va commencer à la fin du 19ème siècle. Les Européens, notamment les Français, les Allemands et les Belges, sont arrivés dans la région en 1885. La France a créé le territoire de l'Oubangui-Chari en 1894.

En 1911, pendant le traité de Fès, la France avait cédé près de 300 000 km² du bassin de la Sangha à Allemagne.

Après l'échec de l'Allemagne pendant la Première Guerre mondiale, la France va de nouveau annexer le territoire de la Sangha.

En 1920, l'Afrique équatoriale française (AEF) sera établie et l'Oubangui-Chari administré à partir de Brazzaville.

Au cours des années 1920 et 1930, les Français ont introduit une politique sur la culture du coton obligatoire, un réseau de routes a été construit, des tentatives ont été faites pour lutter contre la maladie du sommeil et des missions protestantes vont être établis pour répandre le christianisme.

De nouvelles formes de travail forcé vont également être introduites et un grand nombre de personnes seront envoyé pour construire le Chemin de fer Congo-Océan (CFCO) entre Pointe-Noire et Brazzaville.

Beaucoup de ces travailleurs forcés sont morts d'épuisement, de maladie ou des mauvaises conditions.

En 1928, une insurrection majeure, la rébellion Kongo-Wara, avait éclaté à l'Ouest de l'Oubangui-Chari et continué pendant plusieurs années. L'ampleur de cette insurrection, qui était peut-être la plus grande rébellion anti-coloniale d'Afrique durant les deux guerres, avait été soigneusement caché au public français car elle fournissait des preuves d'une forte opposition à la domination coloniale française et au travail forcé.

En septembre 1940, au cours de la Seconde Guerre mondiale, les officiers français gaullistes ont pris le contrôle de l'Oubangui-Chari et le général Leclerc va établir le quartier général des Forces françaises libres à Bangui.

En 1946, Barthélémy Boganda sera élu à l'Assemblée nationale française avec 9 000 voix, devenant le premier représentant de la RCA au gouvernement français.

Boganda a maintenu une politique contre le racisme et le régime colonial, mais est devenu peu à peu découragé du système politique français avant de retourner en RCA pour établir le Mouvement pour l'évolution sociale de l'Afrique noire (MESAN) en 1950.

Lors de l'élection de l'Assemblée territoriale de l'Oubangui-Chari en 1957, le MESAN a obtenu 347 000 voix en remportant tous les sièges législatifs et permettant ainsi à Boganda d'être élu président du Conseil de l'Afrique équatoriale française (AEF) et vice-président du Conseil de gouvernement de l'Oubangui-Chari.

Après un an, Boganda va déclarer la création de la République centrafricaine et va même servir comme le 1er Premier Ministre.

Le MESAN va continuer d'exister, mais son rôle sera limité.

Après la mort de Boganda lors d'un accident d'avion le 29 Mars 1959, son cousin, David Dacko, va prendre le contrôle du MESAN pour devenir le premier président du pays après l'indépendance.

Dacko avait rejeté ses rivaux politiques, dont l'ancien Premier ministre Abel Goumba du Mouvement pour l'évolution démocratique en Afrique centrale (MEDAC), qu'il avait contraint à l'exil en France.

Avec tous les partis de l'opposition réprimées, Dacko avait déclaré un Etat à parti unique en novembre 1962, avec le MESAN comme seule parti officiel.

Le 31 décembre 1965, Dacko sera renversé lors d'un coup d'Etat organisé par le colonel Jean-Bedel Bokassa, qui va suspendre la Constitution et dissoudre l'Assemblée nationale.

Le Président Bokassa va ensuite s'autoproclamer président à vie en 1972 et empereur Bokassa I de l'Empire centrafricain le 4 décembre 1976.

En septembre 1979, le France va renverser Bokassa et restaurer David Dacko au pouvoir, qui va ensuite rétablir l'ancien nom du pays, la République centrafricaine.

Dacko, à son tour, sera de nouveau renversé lors d'un coup d'Etat par le général André Kolingba le 1er septembre 1981.

En 1993 avec l'aide de la communauté internationale coordonnée par GIBAFOR, Ange-Félix Patassé remportera le second des élections présidentielles avec 53% des voix tandis que Goumba obtiendra 45,6%.

Le 28 mai 2001, des rebelles vont prendre d'assaut les bâtiments stratégiques de Bangui lors d'une tentative de coup d'État manqué.

En mars 2003, le Général François Bozizé va lancer une attaque surprise pour prendre la capitale Bangui. François Bozizé va suspendre la constitution et sera autoproclamé Président de la République centrafricaine.

En 2004, la première guerre civile centrafricaine va commencer quand les forces opposées à Bozizé prendront les armes contre son gouvernement.

En 2011, Bozizé sera réélu lors d'une élection qui n'avait pas été considérée comme transparente.

En novembre 2012, la Séléka, une coalition de groupes rebelles, va reprendre plusieurs villes dans les régions du nord et du centre du pays.

Après le non-respect des accords de paix, les rebelles vont finalement prendre la capitale en mars 2013 et Bozizé va fuir le pays.

Michel Djotodia succédera comme président et le Premier ministre centrafricain, Nicolas Tiangaye, va demander une force de maintien de la paix des Nations Unies.

Le 31 mai, l'ancien président Bozizé sera accusé de crimes de guerres, crimes contre l'humanité.

Le 11 janvier 2014, Michel Djotodia et son Premier ministre, Nicolas Tiengaye, vont démissionner dans le cadre des accords de N'Djamena.

Catherine Samba-Panza va ensuite être élu présidente par intérim par le Conseil national de transition, entrée en fonction le 23 janvier.

Elle deviendra la première Présidente de la République centrafricaine.

Le 23 juillet 2014, suite à une médiation du président congolais, Denis Sassou Nguesso, la Séléka et des représentants anti-Balaka vont signer un accord de paix à Brazzaville.

Le 14 décembre 2015, le chef rebelle de la Séléka, Noureddine Adam, va déclarer la République autonome du Logone.

Lors des élections présidentielles de 2015-2016, l'ancien Premier ministre, Faustin-Archange Touadéra, arrivera deuxième du premier tour avec 19 % des voix, derrière son opposant Anicet-Georges Dologuélé, qui obtiendra 23,7 %.

Faustin Archange Touadéra sera finalement élu Président de la République à l'issue du deuxième tour, avec 62,7 % des suffrages contre 37,3 % pour Anicet-Georges Dologuélé. Son investiture se déroulera le 30 mars 2016.

Simplice Sarandji, un compagnon de Faustin Archange Touadéra sera nommé Premier ministre de la République centrafricaine le 2 avril 2016.

Contexte Politique

De la Colonisation à la décolonisation

Colonie française (1894-1940)

Le Sultan soudanais Rabah a gouverné la Haute-Oubangui, qui inclus la RCA actuelle en 1875. Les Européens, principalement les français, les allemands et les Belges sont arrivés dans la région en 1885.

La France a consolidé son droit légal dans la région par le biais d'une convention en 1887 sur l'État libre du Congo qui a accordé à la France les possessions de la rive droite de la rivière Oubangui.

Deux ans plus tard, les Français ont établi un poste à Bangui et en 1894, l'Oubangui-Chari est devenu un territoire français. Cependant, les Français n'ont consolidé leur contrôle sur la région que jusqu'en 1903, après avoir vaincu les forces de du Sultan Rabah, pendant la bataille de Kousséri.

Après la victoire, la France a mis en place une administration coloniale dans tout le territoire. En 1906, le territoire de l'Oubangui-Chari était unie à la colonie du Tchad; en 1910, il est devenu l'un des quatre territoires de la Fédération de l'Afrique équatoriale française (AEF), ainsi que le Tchad, le Moyen-Congo et le Gabon.

Les trente prochaines années ont été marquées par la plupart des petites révoltes contre la domination française et le développement d'une économie locale. La plus grande de ces révoltes était la rébellion Kongo-Wara, lorsque plus de 350 000 indigènes se révoltèrent contre l'administration coloniale.

La pénétration européenne dans les territoires de l'Afrique centrale a commencé à la fin du 19ème siècle au cours de la conquête sur l'Afrique.

Le marin français Pierre Savorgnan de Brazza a établi et organisé le Congo français et plutôt envoyé des expéditions sur le fleuve Oubangui du côté du Congo-Brazzaville dans le but d'étendre les revendications territoriales de la France en Afrique. La Belgique, l'Allemagne et le Royaume-Uni ont également concouru à établir leurs revendications sur les territoires de la région.

En 1889, les Français ont établi un poste sur le fleuve Oubangui à Bangui. En 1891, de Brazza a envoyé des expéditions jusqu'à la rivière Sangha, dans ce qui est maintenant le sud-ouest de la RCA, vers le centre du bassin Oubangui vers le lac Tchad et vers l'est le long de la rivière Oubangui dans la direction du Nil, avec l'intention d'étendre le les frontières du Congo français afin de relier les autres territoires de la France. En 1894, les frontières du Congo français, de l'Etat libre du Congo Belge et du

Cameroun allemand ont été fixées par des accords diplomatiques.

En 1899, la frontière du Congo français avec le Soudan a été fixée le long de la fracture Congo-Nil. Cette région a quitté la France pendant une sortie très convoitée sur le Nil.

Une fois que les négociateurs européens ont limité les frontières du Congo français, l'administration et le développement du territoire qu'il avait progressé. Les succès financiers des sociétés concessionnaires du Roi Léopold II de Belgique dans l'État libre du Congo ont convaincu le gouvernement français d'accorder à 17 entreprises privées des grandes concessions dans la région de l'Oubangui-Chari en 1899.

En échange du droit d'exploiter ces terres en achetant des produits locaux et en vendant des produits européens, les entreprises ont promis de payer un montant à la France et de promouvoir le développement de ses concessions. Les entreprises employaient des agents européens et africains qui avaient fréquemment recours à des méthodes brutales pour forcer les indigènes au travail, d'où la notion de travail forcé.

Dans le même temps, l'administration coloniale française a commencé à forcer la population locale à payer des impôts et à fournir auprès de l'État un travail libre. Les entreprises et l'administration française ont parfois collaboré pour forcer les Centrafricains à travailler pour eux.

Certains responsables français ont rapporté des exactions commises par les milices des sociétés privées, par leurs propres collègues et par les troupes coloniales. Mais les efforts pour tenir ces gens responsables ont toujours échoué.

Lorsque des nouvelles d'atrocités commises contre les africains ont atteint la France, des enquêtes ont été menées et quelques faibles tentatives de réforme ont été faites par le gouvernement. Cependant, la situation sur le territoire de l'Oubangui-Chari n'avait pas changé.

Au cours de la première décennie de domination coloniale française, entre 1900 et 1910, les dirigeants de la région (les chefs coutumiers) d'Oubangui-Chari ont augmenté les activités sur l'esclaves et la vente de produits locaux en Europe.

Ils ont profité de leurs traités avec les Français pour se procurer des d'armes qui ont été utilisées pour capturer plus d'esclaves : une grande partie de la moitié orientale de l'Oubangui-Chari est dépeuplée à la suite de la traite des esclaves organisée par les dirigeants locaux au cours de la première décennie de la domination coloniale.

Après que le pouvoir des dirigeants africains ait été détruit par les Français, l'esclavage avait largement diminuée.

En 1911, les bassins de la Sangha et de la Lobaye ont été cédés à l'Allemagne dans le cadre d'un accord qui avait donné à la France le territoire du Maroc. L'Ouest de l'Oubangui-Chari est restée sous la domination allemande jusqu'à la Première Guerre mondiale, avant que la France récupère à nouveau ce territoire en utilisant ses troupes militaires d'Afrique centrale.

De 1920 à 1930, un réseau de routes a été construit, les cultures de rente ont été promus et les services de santé mobiles ont été formés pour lutter contre la maladie du sommeil.

Les missions protestantes ont été établies dans les différentes régions du pays. De nouvelles formes de travail forcé ont également été introduites.

Cependant, les Français ont forcé un grand nombre de Centrafricains à travailler sur le chemin de fer Congo-Océan; La majorité de ces recrues sont morts d'épuisement et de maladie à la suite de mauvaises conditions.

En 1925, l'écrivain français André Gide a publié un livre intitulé « Voyage au Congo », dans lequel il décrit les conditions alarmantes des travailleurs du chemin de fer Congo-Océan.

C'est dans cette atmosphère qu'en 1928, une insurrection majeure, la rébellion Kongo-Wara a éclaté dans l'Ouest de l'Oubangui-Chari et a continué pendant plusieurs années.

L'ampleur de cette insurrection, qui était peut-être la plus grande rébellion anti-coloniale en Afrique durant les deux guerres, a été soigneusement caché au public français car il a fourni des preuves d'une forte opposition à la domination coloniale française et au travail forcé.

Pendant les années 1930, le coton, le thé et le café ont émergé des cultures de rente dans l'Oubangui-Chari et l'extraction de diamants et d'or avait sérieusement commencé.

Plusieurs compagnies de coton ont reçu des monopoles d'achat sur des grandes zones de production de coton et ont été en mesure de fixer les prix d'achat aux cultivateurs, pour assurer les profits des actionnaires. En Septembre 1940, au cours de la Seconde Guerre mondiale, les officiers français pro-gaullistes ont pris le contrôle de l'Oubangui-Chari.

Décolonisation (1940-1960)

En août 1940, le territoire de l'Oubangui-Chari a répondu, ensemble avec le reste de l'AEF, à l'appel du général Charles de Gaulle afin de se battre pour la France libre. Après la Seconde Guerre mondiale, la Constitution française de 1946 a inauguré une première série de réformes qui ont conduit finalement à l'indépendance complète dans l'ensemble des territoires français d'Afrique occidentale et équatoriale.

En 1946, tous les habitants de l'AEF ont obtenu la citoyenneté française et ont reçu le droit d'établir des assemblées locales.

L'Assemblée en RCA a été dirigé par Barthélemy Boganda, un prêtre catholique qui a été connu pour ses déclarations directes à l'Assemblée française sur la nécessité de l'émancipation africaine. En 1956, la législation française a éliminé certaines inégalités de vote et a prévu la création de certains organes autonomes dans chaque territoire.

Le référendum constitutionnel français de septembre 1958 a dissous l'AEF, et le 1er décembre de la même année, l'Assemblée a déclaré la naissance d'une République centrafricaine autonome avec Boganda comme chef du gouvernement.

Boganda a dirigé la RCA jusqu'à sa mort lors d'un accident d'avion le 29 mars 1959. Son cousin, David Dacko, l'a remplacé comme chef du gouvernement. Le 12 juillet 1960, la France a accepté que la République centrafricaine devienne totalement indépendante. Le 13 août 1960, la République centrafricaine est devenue un pays indépendant avec David Dacko comme premier Président de la République.

Saint-Sylvestre (coup d'État)

Le 1er janvier 1966, suite à un coup d'État sans effusion de sang durant la nuit, le colonel Jean-Bedel Bokassa prend le pouvoir en tant que Président de la République autoproclamé.

Bokassa aboli la Constitution de 1959, dissout l'Assemblée nationale, et publie un décret qui place tous les pouvoirs législatif et exécutif entre les mains du président.

Le 4 décembre 1976, la République est devenue l'Empire centrafricain avec la promulgation de la constitution impériale et la proclamation du Président comme Empereur Bokassa I.

Ce nouveau régime a été caractérisé par de nombreuses atrocités combattus par la communauté internationale.

Le Contre-coup

Le 20 septembre 1979, l'ancien président David Dacko, avec un soutien français, a mené un coup d'Etat sans effusion de sang qui a renversé Bokassa alors qu'il était hors du pays.

La République Centrafricaine a été restauré, et Bokassa réfugié en Côte-d'Ivoire avant d'être condamné à mort par contumace pour divers crimes, y compris le cannibalisme.

En outre, une commission judiciaire africaine a indiqué qu'il avait personnellement pris part au massacre de quelque 100 enfants pour avoir refusé de porter les uniformes scolaires obligatoires.

En janvier 1981, six de ses partisans, y compris deux membres de sa famille, ont été exécutés.

Coup d'État de Kolingba

Les efforts de Dacko pour promouvoir les réformes économiques et politiques se sont avérées inefficaces. Le 20 septembre 1981, il fut à son tour renversé par un coup d'Etat sans effusion de sang par le Général André Kolingba.

Pendant quatre ans, Kolingba a conduit le pays à la tête du Comité militaire de redressement national (CMRN).

Kolingba a suspendu la constitution et a gouverné avec une junte militaire jusqu'en 1985. En 1985, le CMRN a été dissous et Kolingba a nommé un nouveau cabinet avec une participation civile accrue, signalant le début d'un retour à un régime civil.

Le processus de démocratisation a été accéléré en 1986 avec la création d'un nouveau parti politique, le Rassemblement Démocratique Centrafricain (RDC) et la rédaction d'une nouvelle constitution qui a ensuite été ratifiée par un référendum national.

Le Général Kolingba a été assermenté Président comme selon la constitution du 29 novembre 1986. La Constitution a établi une Assemblée nationale composée de 52 députés élus en juillet 1987 et les élections municipales ont eu lieu en 1988.

Les deux principaux opposants politiques de Kolingba, Abel Goumba et Ange-Félix Patassé ont boycotté ces élections parce que leurs parties n'étaient pas autorisés à participer aux élections.

Mouvement Pro-démocratie

En 1990, inspiré par la chute du mur de Berlin, un mouvement pro-démocratie est devenue très active en RCA. En mai 1990, une lettre signée par 253 citoyens éminents a demandé la convocation d'une conférence nationale, mais Kolingba a refusé cette demande et emprisonné plusieurs adversaires.

La pression exercée par les États-Unis, la France, et un groupe d'organismes représentés localement appelé GIBAFOR (ONU) a finalement conduit Kolingba à organiser des élections libres en octobre 1992, avec l'aide du Bureau des affaires électorales de l'ONU.

Après avoir voulu suspendre les résultats des élections comme un prétexte pour se maintenir au pouvoir, le président Kolingba est venu sous la pression intense de GIBAFOR établir un Conseil

National Politique Provisoire de la République" (CNPPR) et mettre en place une Commission électorale mixte qui comprenait des représentants de tous les partis politiques.

Lorsque les élections ont finalement eu lieu en 1993 avec l'aide de la communauté internationale, Ange-Félix Patassé était en tête du premier tour et Kolingba arrivait en quatrième position derrière Abel Goumba et David Dacko.

Patassé a finalement remporté le deuxième tour avec 53% des voix tandis que Goumba a obtenu 45,6%. La plupart du soutien de Patassé est venu des électeurs de Gbaya, Kara, Kaba, et de sept préfectures fortement peuplées dans le nord-ouest tandis que le soutien de Goumba est venu en grande partie de dix préfectures moins peuplées du sud et de l'est. En outre, le parti de Patassé, le Mouvement pour la Libération du Peuple Centrafricain (MLPC) a gagné l'élection, mais n'a pas obtenu la majorité absolue des sièges au parlement.

Gouvernement Patassé (1993-2003)

Patassé a fait dégradé l'ancien président Kolingba de son rang militaire de Général en mars 1994 et a inculpé plusieurs anciens ministres de divers crimes. Patassé a également supprimé de nombreux Yakoma (ethnie) d'importants postes, même au sein du gouvernement.

Deux cents Yakoma membres de la garde présidentielle ont également été licenciés ou réaffectés.

Une nouvelle constitution a été approuvée le 28 décembre 1994 et promulguée le 14 janvier 1995. Mais cette constitution, comme celles d'avant, n'a pas eu beaucoup d'impact sur la politique du pays. Entre 1996 et 1997, à cause des comportements erratiques du gouvernement, trois mutineries contre l'administration de Patassé ont été accompagnées par la destruction généralisée des biens et des tensions ethniques accrues.

Le 25 janvier 1997, les Accords de Bangui, qui prévoyait le déploiement de la Mission interafricaine de surveillance des Accords de Bangui (MISAB), ont été signés.

L'ancien président Malien, Amadou Toumani Touré a servi de médiateur en chef et a négocié l'entrée des ex-mutins dans le gouvernement le 7 avril 1997. La MISAB va ensuite être remplacé par une force de maintien de la paix de l'ONU, la Mission des Nations Unies en RCA (MINURCA).

En 1998, des élections législatives ont été organisées dans tout le territoire national. Le RDC de Kolingba a obtenu 20 sièges sur un total de109 sièges à l'Assemblée nationale.

Cependant, en 1999, en dépit de la colère généralisée de la population dans les grandes villes comme Bangui, Patassé va remportera les élections présidentielles pour un second mandat.

Le 28 mai 2001, les rebelles ont pris d'assaut les bâtiments stratégiques de Bangui dans une tentative de coup d'Etat manqué. Le chef d'état-major, Abel Abrou, et le Général François N'Djadder Bedaya ont été tués.

En effet, Patassé va demander l'aide militaire au chef rebelle de la République démocratique du Congo, Jean-Pierre Bemba qui mettra plus de 300 soldats à sa disposition.

À la suite du coup d'État manqué, les milices loyales à Patassé ont cherché à se venger contre les rebelles dans de nombreux quartiers de la capitale Bangui en créant des troubles qui ont abouti à la destruction de nombreuses maisons ainsi que la torture et l'assassinat de nombreux opposants.

Coup d'État du Général Bozizé

Le 15 mars 2003, alors que Patassé était à l'étranger, les troupes du Général François Bozizé vont prendre le contrôle de la capitale Bangui et installé leur commandant, comme Président de la République.

Patassé sera par la suite reconnu coupable de crimes contre l'humanité par le gouvernement en place en RCA et sera accusé devant la Cour pénale internationale, en compagnie de Jean Pierre Bemba de la République démocratique du Congo.

Malgré une paix fragile, et sa promesse de démissionner à la fin de la transition, Bozizé va remporter le second tour de l'élection présidentielle du 8 mai 2005, en battant Martin Ziguélé du MLPC, l'ancien parti au pouvoir de Patassé.

La Commission électorale nationale va déclarer Bozizé vainqueur avec 64,6% des voix face à 35,4% des voix pour Ziguélé.

Cette élection présidentielle avait généralement été considérée comme équitable, même si l'absence de Patassé jettera une ombre sur la légitimité du processus.

En 2003, la première guerre civile de la République centrafricaine va commencer avec la rébellion de l'Union des forces démocratiques pour le rassemblement (UFDR), dirigé par Michel Djotodia.

Les forces rebelles de l'UFDR était composées de trois alliés principaux : le Groupe d'action patriotique pour la libération de la Centrafrique (GAPLC), la Convention des patriotes pour la justice et la paix (CPJP), l'Armée populaire pour la restauration de la démocratie (APRD), le Mouvement des libérateurs centrafricains pour la justice (MLCJ) et le front démocratique Centrafricain (FDC).

Le 8 mai 2005, Bozizé gagnera encore une autre victoire lorsque sa coalition, Convergence

Nationale Kwa Na Kwa (KNK), va remporter 42 sièges aux élections législatives.

Le MLPC d Patassé était arrivé en deuxième position avec 11 sièges alors que le RDC de Kolingba n'avait remporté que huit sièges.

Les sièges restants ont été remportés par des indépendants ou par des petits partis.

En juin, l'Union africaine (UA) lèvera ses sanctions qui ont été appliquées après le coup de 2003.

Au début de l'année 2006, le gouvernement de Bozizé sera stable. Cependant, Patassé qui vivait désormais en exil au Togo ne pouvait pas être exclu en tant que chef d'un soulèvement futur puisque ses partisans étaient prêts à rejoindre des mouvements rebelles car ils croyaient toujours que leur chef était le chef légitime de la République centrafricaine.

En outre, les membres de la tribu Yakoma de Kolingba dans le sud constituaient une menace potentielle pour le gouvernement de Bozizé en raison de leur boycott généralisé du second tour des élections législatives. En effet, les membres de la tribu Yakoma ont toujours dominé les effectifs des forces armées centrafricaine (FACA).

Coup d'État de la Séléka

À la fin de l'année 2012, une coalition d'anciens groupes rebelles sous le nouveau nom de Séléka a renouvelé les combats contre le gouvernement. Deux autres groupes jusque-là inconnus, l'Alliance pour le renouveau et la reconstruction (A2R) et la Convention patriotique pour le salut du kodro (CPSK) ont rejoint la coalition.

En effet, cette Guerre civile avait déjà commencé avec la rébellion de l'Union des forces démocratiques pour le rassemblement (UFDR), dirigée par Michel Djotodia, quelques temps après le coup d'État du Général François Bozizé en 2003.

Au cours de ce conflit, les forces rebelles de l'UFDR ont combattu le gouvernement de Bozizé en même temps que plusieurs autres groupes rebelles. Des dizaines de milliers de personnes ont été déplacées par les troubles qui ont continué jusqu'en 2007.

Le 13 avril 2007, un accord de paix entre le gouvernement et l'UFDR avait été signé à Birao. L'accord prévoyait une amnistie pour l'UFDR, sa reconnaissance en tant que parti politique, et l'intégration de ses combattants dans l'armée.

D'autres négociations ont abouti à un accord en 2008 pour la réconciliation, la formation d'un gouvernement d'union et l'organisation des élections locales, législatives et présidentielles en 2010. Le nouveau gouvernement d'union qui a été créé en janvier 2009.

Selon Human Rights Watch, des centaines de civils ont été tués, plus de 10 000 maisons brûlées, et environ 212 000 personnes ont fui leurs maisons pour vivre dans des conditions désespérées dans les brousse et les forêts.

En outre, les groupes rebelles ont dit que Bozizé n'avait pas suivi les termes de l'accord de 2007, et qu'il continuera à y avoir des abus politiques, en particulier dans la partie nord du pays.

Malgré la signature en août 2012, d'un accord de paix entre le gouvernement et la CPJP qui a promis l'arrêt définitif des combats, les violences politiques ont continué à alimenter les tensions permis les centrafricains

Le 15 septembre, une faction dissidente de la CPJP, dirigée par le colonel Hassan Al Habib et qui s'était fait appeler CPJP fondamentale, a attaqué les villes de Sibut, Damara et Dekoa.

Le Colonel Al Habib a annoncé à la radio que la CPJP Fondamentale lançait une offensive pour protester contre l'accord de paix entre la principale faction CPJP et le gouvernement.

L'offensive a été surnommé Opération Charles Massi, en mémoire du fondateur de la CPJP qui aurait été torturé et assassiné par le gouvernement en 2010. Al Habib a ajouté que son groupe avait pour objectif de prendre la capitale Bangui et renverser Bozizé.

Dans un communiqué de presse signé par le colonel Alkassim, un porte-parole de la CPJP fondamentale a revendiqué la responsabilité de plusieurs attaques. Il a affirmé qu'ils avaient tué deux autres FACA à Damara et capturé des véhicules militaires et civils, des armes, y compris des roquettes et des équipements de communication. Il a également signalé une attaque infructueuse sur une quatrième ville, Grimari. En bref, la rébellion a promis plus d'opérations à l'avenir.

Mahamath Isseine Abdoulaye, président de la CPJP pro-gouvernementale a répliqué que les attaques du 15 septembre avaient été organisées par des rebelles tchadiens.

Al Habib a été tué par les FACA le 19 septembre à Daya, une ville au nord de Dekoa.

Le 13 novembre, deux civils et un officier de police se dirigeaient vers Bangui ont été abattus sur la route entre Sibut et Damara, près du village de Libi, sur la frontière de la préfecture de l'Ombella-M'Poko. Plus à l'est de Obo, un véhicule FACA a été attaqué le même jour. Un civil qui se trouvait dans le véhicule a été tué et un nombre indéterminé de soldats blessés. Le véhicule a été détruit. L'attaque a été attribuée aux rebelles tchadiens.

L'offensive des rebelles

Le 10 décembre 2012, un groupe armé a saisi les villes de N'Délé, Sam Ouandja et Ouadda. Les rebelles se sont battus avec le gouvernement et les troupes alliées CPJP pour plus d'une heure.

Au moins cinq soldats gouvernementaux auraient été tués. À Sam Ouandja, les rebelles ont affirmé avoir capturé 22 soldats et des armes lourdes montées.

Le 15 décembre, les forces rebelles ont pris Bamingui, une ville d'environ 120 km de N'Délé et en ligne directe vers Bangui. Trois jours plus tard, ils ont avancé à Bria, une ville minière de diamant située à 200 km au sud-est de Ouadda.

D'après la Séléka, ses troupes rebelles se battent à cause d'un manque de progrès après l'accord de paix de 2004-2007. À la suite d'un appel à l'aide du président François Bozizé, le président du Tchad, Idriss Déby, a promis d'envoyer 2000 soldats pour aider à réprimer la rébellion.

Les premières troupes tchadiennes sont arrivés le 18 décembre pour renforcer le contingent du gouvernement à Kaga Bandoro, en vue d'une contre-attaque sur N'Délé.

Le 19 décembre, les forces de la Séléka ont pris Kabo, une importante plaque tournante pour le transport entre le Tchad et la RCA, situé à l'ouest et au nord des zones précédemment prises par les rebelles. Après quelques jours, la coalition rebelle a repris Bambari, la troisième plus grande ville du pays, suivi de Kaga-Bandoro le 25 décembre.

Le même jour, le Président Bozizé a rencontré ses conseillers militaires dans la capitale Bangui.

Le 26 décembre, des centaines de manifestants irrités par l'avancée des rebelles ont encerclé l'ambassade de France à Bangui, lançant des pierres, brûlant des pneus et déchirant le drapeau français.

Les manifestants ont accusé l'ancienne puissance coloniale de ne pas aider l'armée à combattre les forces rebelles. Au moins 50 personnes, dont des femmes et des enfants, avaient trouvé refuge à l'intérieur du bâtiment, protégé par un important contingent d'environ 250 soldats français qui entouraient l'ambassade.

Un autre groupe séparé de manifestants scandaient des slogans devant l'ambassade des États-Unis et ont même jeté des pierres sur les voitures transportant des passagers blancs.

Plus tard, les forces rebelles vont atteindre Damara, en contournant la ville de Sibut où environ 150 soldats tchadiens étaient stationnés avec des troupes du gouvernement.

Josué Binoua, le ministre de l'administration du territoire a demandé que la France intervienne.

Le Colonel Djouma Narkoyo, un porte-parole de la Séléka, a appelé l'armée à déposer les armes, ajoutant que Bozizé a perdu toute sa légitimité et ne contrôle pas le pays.

Un total de 1000 personnes sont mortes pendant les combats de décembre.

Les appels du gouvernement Bozizé

Le 27 décembre, Bozizé a demandé une assistance à la communauté internationale, en particulier à la France et aux Etats-Unis, lors d'un discours dans la capitale Bangui.

Le président français François Hollande a rejeté l'appel, en disant que les troupes françaises ne seraient utilisés que pour protéger les ressortissants français en RCA, et non pour défendre le gouvernement de Bozizé.

Des rapports ont indiqué que l'armée américaine préparait des plans pour évacuer plusieurs centaines de citoyens américains, ainsi que d'autres ressortissants. Le général Jean-Felix Akaga, commandant de la force militaire envoyée par les pays membres de la Communauté économique des États d'Afrique centrale (CEEAC), a déclaré que la sécurité de la capitale Bangui est entièrement assurée ses troupes, ajoutant que des renforts devraient arriver bientôt.

Cependant, des sources militaires au Gabon et au Cameroun ont nié son rapport, affirmant qu'aucune décision n'avait été prise au sujet de la crise.

Les soldats du gouvernement ont lancé une contre-attaque contre les forces rebelles à Bambari le 28 décembre.

Plus tard, une source militaire confirmera que l'attaque militaire avait été repoussée et que la ville était restée sous le contrôle des rebelles.

Pendant ce temps, les ministres des Affaires étrangères de la CEEAC annonceront que plus de troupes de la Force multinationale de l'Afrique centrale (FOMAC) seraient envoyés dans le pays pour soutenir les 560 troupes de la mission de Mission de consolidation de la paix en Centrafrique (MICOPAX).

L'annonce a été faite par le ministre des Affaires étrangères tchadien, Moussa Faki, après une réunion dans la capitale gabonaise, Libreville.

Dans le même temps, le secrétaire général adjoint de la CEEAC, Guy-Pierre Garcia, confirma que les rebelles et le gouvernement de la RCA avaient accepté des pourparlers sans condition, dans le but d'arriver à des négociations le 10 janvier au plus tard.

À Bangui, l'armée de l'Air Américaine (US Air Force) évacuait l'ambassadeur américain et quelques ressortissants.

Le Comité international de la Croix-Rouge a également évacué huit de ses travailleurs étrangers, bien que les bénévoles locaux et 14 autres étrangers sont restés pour aider le nombre croissant de personnes déplacées.

Les forces rebelles ont repris la ville de Sibut sans tirer un coup de feu le 29 décembre et au moins 60 véhicules des troupes tchadiennes se retirèrent à Damara, la dernière ligne avant la capitale.

À Bangui, le gouvernement a ordonné un couvre-feu à partir de 19 heures à 5 heures et interdit l'utilisation de taxis motos, craignant qu'ils puissent être utilisés par les rebelles pour infiltrer la ville.

De nombreux commerçants avaient embauché des groupes d'hommes armés pour protéger leurs biens en prévision d'un éventuel pillage, alors que des milliers ont quitté la ville dans des voitures et des bateaux surchargés.

Le contingent militaire français est passé à 400 avec le déploiement de 150 parachutistes supplémentaires envoyés du Gabon à l'aéroport international de Bangui.

Le Premier ministre français, Jean-Marc Ayrault, a de nouveau souligné que ses troupes étaient seulement présentent pour protéger les ressortissants français et européens mais pas pour traiter avec les rebelles.

Les discussions

Le 30 décembre, le Président Bozizé a accepté un éventuel gouvernement d'union nationale avec les membres de la coalition Séléka, après avoir rencontré le président de l'Union africaine (UA), Thomas Boni Yayi. Il a ajouté que le gouvernement de la RCA était prêt à entamer des pourparlers de paix sans condition et sans délai.

En janvier de l'année suivante, des renforts de la FOMAC ont commencé à arriver à Damara pour soutenir les 400 soldats tchadiens déjà stationnés dans le cadre de la mission de la MICOPAX.

Il y avait 120 soldats gabonais, congolais et au Camerounais, accompagnés d'un général gabonais.

Dans la capitale Bangui, des affrontements meurtriers ont ensuite éclaté après que la police ait tué un jeune homme musulman soupçonné d'entretenir des liens avec la Séléka.

Peu de temps après le début des affrontements dans le PK5, un quartier de Bangui, un officier de police avait été tué.

Pendant ce temps, le gouvernement effectuait plusieurs arrestations et disparitions de centaines de personnes qui étaient membres des groupes ethniques ayant des liens avec la Séléka.

Le 2 janvier 2013, un décret présidentiel lu à la radio a annoncé que le président Bozizé sera désormais le nouveau ministère de la Défense, en prenant la relève de son fils, Jean François Bozize.

En outre, le Chef d'État-Major général de l'armée, Guillaume Lapo avait été mis de côté en raison de son incapacité à arrêter les rebelles.

Pendant ce temps, le porte-parole des rebelles, le colonel Djouma Narkoyo avait confirmé que la Séléka arrêtera les combats et entamera des pourparlers de paix à Libreville le 8 janvier, à condition que les forces gouvernementales arrêtaient automatiquement l'arrestation des membres de la tribu Gula.

Cependant, la coalition rebelle avait confirmé qu'elle exigera le départ immédiat du président Bozizé qui souhaitait finir son mandat jusqu'en 2016.

Jean-Félix Akaga, le Général gabonais en charge de la force MICOPAX envoyé par la CEEAC, a déclaré que Damara représentait une ligne rouge que les rebelles ne pouvaient pas traverser, et que cela serait une déclaration de guerre contre les 10 membres du bloc régional.

Il avait également été annoncé que l'Angola avait contribué avec 760 soldats stationnés dans Bangui, alors que la France avait encore renforcé sa présence militaire dans le pays à 600 soldats, envoyés pour protéger les ressortissants français au cas où il est nécessaire.

Le 6 janvier, le président sud-africain Jacob Zuma a annoncé le déploiement de 400 soldats en RCA pour aider les forces déjà présentent.

Les attaques contre les journalistes

Elisabeth Blanche Olofio, journaliste à la Radio Bé-Oko, a été tué par la coalition Séléka, qui a attaqué la station à Bambari et une autre Radio à Kaga Bandoro le 7 janvier 2013.

La Radio Bé-Oko fait partie d'un des plus grands réseaux apolitiques opérant en République centrafricaine et connue sous le nom de l'Association des radios Communautaires de Centrafrique.

Les journalistes correspondants internationaux de l'organisation de la liberté de presse sans frontières basée en France, ont déclaré qu'ils craignaient que les attaques des rebelles empêchent la liberté de la presse en RCA.

Accords de cessez-le feu

Le 11 janvier 2013, un accord de cessez-le feu avait été signé à Libreville, au Gabon. Le 13 janvier, Bozizé signait un décret qui relevait le Premier ministre, Faustin-Archange Touadéra de ses fonctions, dans le cadre de l'accord avec la coalition rebelle.

Le 17 janvier, Nicolas Tiangaye a été nommé comme nouveau Premier ministre.

Les termes de l'accord comprenaient également la dissolution de l'Assemblée nationale dans une semaine avec un gouvernement de coalition avant l'organisation des nouvelles élections législatives qui auront lieu dans les 12 mois qui suivront l'accord.

En outre, le gouvernement de coalition provisoire a dû mettre en œuvre des réformes judiciaires, fusionner les troupes rebelles avec les troupes du gouvernement Bozizé afin d'établir une nouvelle armée nationale, mettre en place les nouvelles élections législatives, ainsi qu'introduire d'autres réformes sociales et économiques.

Le gouvernement de Bozizé avait aussi été obligé de libérer tous les prisonniers politiques emprisonnés pendant le conflit, et de permettre le retour des troupes étrangères dans leur pays d'origine.

En vertu de l'accord, les rebelles de la Séléka ne sont pas tenus d'abandonner les villes qu'ils ont prises, prétendument comme un moyen de s'assurer que le gouvernement Bozizé ne tentera pas de violer l'accord.

Bozizé, qui devait rester président jusqu'à de nouvelles élections présidentielles en 2016, avait déclaré que l'accord était une victoire pour la paix parce que désormais les Centrafricains qui se trouvaient dans les zones de conflit seraient enfin libérés de leurs souffrances.

Le 23 janvier 2013, le cessez-le feu a été rompu entre le gouvernement et la Séléka.

La Séléka avait reprochée au gouvernement le fait de ne pas honorer les termes de l'accord en matière de partage du pouvoir.

Le 21 mars, les rebelles avancèrent vers Bouca, à 300 km de la capitale Bangui.

Le 22 mars, les combats ont atteint la ville de Damara, à 75 km de la capitale, avec des rapports contradictoires sur la faction qui serait en contrôle de la ville.

Les rebelles ont ensuite dépassé le point de contrôle à Damara et avancé vers Bangui avant d'être arrêtés par une attaque aérienne d'un hélicoptère.

Chute de Bangui

En mars 2013, les rebelles ont exigé la libération des prisonniers politiques et l'intégration des forces rebelles dans l'armée nationale.

La Séléka souhaitait aussi que les soldats sud-africains qui supportaient le gouvernement Bozizé, quittent le pays.

La Séléka avait même menacé de reprendre les armes si ses exigences n'étaient pas remplies, donnant au gouvernement un délai de 72 heures.

Le 22 mars 2013, les rebelles ont renouvelé leur offensive en prenant le contrôle des villes de Damara et Bossangoa.

Après la chute de Damara, les craintes ont été généralisées sur une éventuelle chute de Bangui et un sentiment de panique avait envahi la ville, avec les magasins et les écoles fermées.

Les forces gouvernementales avaient brièvement arrêté l'avancée des rebelles en tirant sur des colonnes rebelles à l'aide de l'hélicoptère.

Le 23 mars, les rebelles ont abattu l'hélicoptère de l'armée de l'Air, et sont entrés dans Bangui en se dirigeant vers le palais présidentiel.

Les rebelles avaient finalement réussi à faire sortir les soldats des forces armées de la résidence privée de Bozizé.

Les rebelles ont ensuite tenu la banlieue nord de Bangui, tandis que le gouvernement a conservé le contrôle du centre-ville. Un porte-parole du gouvernement a insisté pour que Bozizé reste au pouvoir et que la capitale demeure encore sous contrôle gouvernemental.

Le Coup d'état

Le 24 mars, les rebelles vont atteindre le palais présidentiel dans le centre de la capitale, où des coups de feu vont éclater.

Le palais présidentiel et le reste de la capitale tombèrent bientôt entre les mains des forces rebelles et Bozizé prendra sa fuite vers la République démocratique du Congo (RDC).

Un conseiller de Bozizé a dit qu'il avait traversé le fleuve en direction de la RDC le matin du dimanche 24 mars, pendant que les forces rebelles se dirigeaient vers le palais présidentiel.

L'agence pour les réfugiés des Nations Unies a reçu une demande du gouvernement congolais pour aider à déplacer 25 membres de la famille de Bozizé de la ville frontalière de Zongo.

Toujours dans la même atmosphère, un porte-parole du président Bosizé avait confirmé que les rebelles contrôlaient la ville de Bangui.

L'eau et électricité avaient été coupées dans toute la ville.

Les combattants rebelles s'étaient en ce moment engagés dans le pillage des maisons des officiers de l'armée proche à Bozizé.

Treize soldats sud-africains ont été tués et vingt-sept blessés dans leur base à la périphérie de Bangui lors d'un échange de tirs intenses entre les rebelles et les Force de défense sud-africaines.

Le Général Solly Shoke, chef de la force sud-africaine, a déclaré lors d'une conférence de presse le 24 mars 2013, que la South African

National Défense Forces avait perdue beaucoup de ses soldats. Il a également affirmé qu'il n'y avait pas encore de plans pour que les troupes quittent la République centrafricaine.

Plusieurs soldats de la force régionale d'Afrique centrale, dont trois tchadiens, ont également été tués le 24 mars.

Une compagnie des troupes françaises sécurisait l'aéroport international de Bangui.

Pendant ce temps, la France avait demandé une réunion d'urgence du Conseil de sécurité de l'ONU pour discuter de l'avancée des rebelles.

Le 26 mars, le ministère français de la défense avait affirmé que les troupes françaises qui gardaient l'aéroport avaient accidentellement tué deux citoyens indiens.

Le 25 mars 2013, le chef de la Séléka, Michel Djotodia, s'était autoproclamé comme nouveau Président de la République centrafricaine.

Djotodia avait promis qu'il y aurait une période de transition de trois ans et que Nicolas Tiangaye continuerait à servir en tant que Premier ministre.

Djotodia va ensuite suspendre sans délai la constitution et dissoudre le gouvernement, ainsi que l'Assemblée nationale.

Séléka du pouvoir

Après la victoire des rebelles dans la capitale, les petites poches de résistance sont restées et se sont battus contre le nouveau régime.

La résistance se composait principalement des jeunes qui ont reçu des armes de l'ancien gouvernement. Plus de 100 soldats fidèles à l'ancien gouvernement ont été retranchés dans une base à 60 km de la capitale, refusant de rendre leurs armes, bien que des négociations étaient en cours.

Le 27 mars, l'énergie électrique avait été restaurée dans la capitale et la situation sécuritaire commençait à s'améliorer.

Le haut commandement militaire des forces armées centrafricaines a reconnu Djotodia comme le nouveau Président de la République le 28 mars.

Le 30 mars, les responsables de la Croix-Rouge ont annoncé qu'ils avaient trouvé 78 corps dans la capitale Bangui depuis l'arrivée des rebelles.

On ne sait pas si les victimes étaient des civils ou si elles appartenaient à l'une des factions en conflit.

Un nouveau gouvernement de 34 membres et dirigé par Tiangaye a été nommé le 31 mars 2013.

Djotodia avait conservé le portefeuille de la défense et il y avait neuf membres de la Séléka, ainsi que huit représentants des partis d'oppositions, avec quand même un membre du gouvernement Bozizé.

16 postes ont été donnés à des représentants de la société civile.

Les anciens partis d'oppositions étaient mécontents de la composition du nouveau gouvernement en déclarant qu'ils allaient protester contre sa domination par Séléka.

Ils ont fait valoir que les 16 postes données aux représentants de la société civile étaient en fait remis aux alliés de la Séléka déguisés en militants de la société civile.

Le 3 avril 2013, les dirigeants africains réunis au Tchad ont déclaré qu'ils ne reconnaissaient pas Djotodia en tant que Président de la République centrafricaine. À la place, ils ont proposé la formation d'un conseil de transition inclusif et la tenue de nouvelles élections dans les 18 mois, au lieu de trois ans comme prévu par Djotodia.

Prenant la parole le 4 avril, le ministre de l'Information, Christophe Gazam Betty avait dit que Djotodia acceptait les propositions des dirigeants africains.

C'est dans ce sens que Djotodia a signé un décret le 6 avril pour la formation d'un conseil de transition qui agirait comme un parlement de transition.

Le conseil a été chargé d'élire un président intérimaire pour servir au cours d'une période de transition de 18 mois menant à de nouvelles élections.

Le conseil de transition, composé de 105 membres, a pour la première fois le 13 avril

2013, élu Djotodia en tant que président intérimaire parce qu'il n'y avait pas d'autres candidats.

Quelques jours plus tard, les dirigeants régionaux ont publiquement accepté le leadership de Djotodia en déclarant qu'il ne serait pas appelé Président de la République, mais Chef de l'État de Transition et ne serait pas candidat à la présidence lors de l'élection qui mettra un terme à la transition.

L'opposition anti-Balaka

Un conflit interne en République centrafricaine avait éclaté le 13 avril 2013, entre le gouvernement de l'ex-coalition Séléka principalement musulmans, et la coalition majoritairement chrétienne anti-Balaka, lorsque le gouvernement du président Michel Djotodia s'était installé.

Les organisations internationales, comme les Nations Unies, avaient mis en garde contre un éventuel génocide. La résolution 2122 du Conseil National de Sécurité a autorisé la Mission d'appui international en République centrafricaine (MISCA) à être déployé dans le pays.

Suite à un sommet de la Communauté économique des États d'Afrique centrale (CEEAC), Djotodia démissionnera de la présidence le 10 janvier 2014.

Le Conseil national de transition choisira la Maire de Bangui, Catherine Samba-Panza, comme la nouvelle présidente par intérim le 20 janvier 2014.

Origines du conflit

Les origines de l'opposition anti-Bakala remontent à la période de la chute du régime de l'ancien président François Bozizé qui avait été battu par la coalition Séléka issue de la rébellion de l'Union des forces démocratiques pour le rassemblement (UFDR), dirigée par Michel Djotodia.

Depuis que le gouvernement Bozizé avait été évincé, la République centrafricaine a été caractérisée par une insécurité totale en raison de la prolifération de plusieurs groupes armés.

Bien que les institutions étaient déjà considérées comme faibles par la communauté internationale, l'image du pays s'était d'avantage désintégré à cause du pillage et de la destruction de la plupart de l'administration publique, de la police et de la justice.

La Séléka manquait un contrôle effectif des différentes forces armées au sein de sa coalition, d'où l'origine de sa dissolution.

En outre, les combats entre les différentes forces armées avaient affecté de nombreuses régions du pays. La participation d'un nombre important de combattants du Tchad et du Darfour, et Soudan au sein de la Séléka a accru le risque des mouvements transfrontaliers.

Les Combats

Après l'arrivée du gouvernement Séléka, des combats ont éclaté dans tout le pays avec des cas de violations des droits de l'homme et de violences sexuelles. Il y a également eu des combats ethno-religieux entre les communautés musulmanes et chrétiennes.

En outre, il y a aussi eu des préoccupations sur la menace du terrorisme dans la région, notamment la présence significative du groupe radicale Boko Haram au Cameroun voisin.

Cependant, les cas de violences ont été en grande partie liés aux attaques entre les musulmans de Séléka et les milices chrétiennes anti-Balaka (qui signifie anti-machette ou anti-épée en langues locales).

Comme beaucoup de chrétiens avaient un mode de vie sédentaire et beaucoup de musulmans étaient nomades, les revendications territoriales ont atteint une autre dimension des tensions.

Selon Human Rights Watch, des hommes armés Séléka ont tué au moins 40 civils et intentionnellement détruit 34 villages du 11 février au 2 juin 2013.

Selon des témoins, les assaillants étaient des combattants Séléka en uniforme, parfois en coopération avec des pasteurs nomades qui déplacent leur bétail entre le Tchad et la République centrafricaine.

En août 2013, le Conseil de sécurité de l'ONU a averti que la République centrafricaine constitue une "menace grave" pour la stabilité régionale suite à la reprise des conflits en Mars. Plus de 200 000 personnes ont fui leurs maisons pour trouver refuge dans les brousses et les forêts.

Le chef de la mission humanitaire de l'ONU, Valerie Amos, qui avait visité le pays a rapporté que le système de santé était en ruines après avoir été pillé. Toutes les pharmacies avaient été détruites et il n'y a pas de médicaments.

Même les matelas avaient été volés.

En août 2013, le président déchu François Bozizé avait déclaré qu'il avait l'intention de revenir au pouvoir et de voir les rebelles chassés. Voilà pouvoir il avait formé le Front pour le retour de l'ordre constitutionnel en RCA (FROCCA), un groupe visant à attirer l'attention de la communauté internationale sur les actions de la Séléka et leurs crimes contre l'humanité.

Dissolution de la Séléka et début des hostilités

En septembre 2013, Michel Djotodia a annoncé que la Séléka avait été dissoute, même si la plupart des milices avaient totalement refusé de jeter les armes. Il y avait des rapports de viols généralisés, de crimes, des pillages et de destruction des villages et des systèmes administratifs par ces milices.

Toujours en septembre, des violents combats entre des groupes armés non identifiés autour des villes de Bossembele et Bossangoa avaient été signalés.

Près de 400 000 personnes avaient été déplacées, la plupart du temps vers les brousse et les forêts, tandis que 68 000 avaient fui vers les pays voisins. Torture, meurtres et pillages ont été répandues comme des signes d'une Guerre civile.

Les conflits sectaires

En novembre 2013, l'ONU avait mis en garde le pays sur le risque d'un génocide tandis que la France avait décrit la situation comme étant au bord du génocide.

Le 4 décembre 2013, le Conseil de sécurité des Nations unies avait voté en faveur de l'envoi d'une force des Nations Unies pour protéger la vie des civils.

Quelques heures après le vote, le président français François Hollande a annoncé que son pays était déterminé à agir immédiatement afin d'arrêter de changer la situation.

Les travailleurs humanitaires sur le terrain avaient signalé au moins 105 corps recueillis après des affrontements violents entre les anciens rebelles principalement musulmans et la milice chrétienne locale anti-Bakala, fidèle au président déchu François Bozizé.

En plus de l'autorisation de la force, la résolution du Conseil de sécurité a imposé un embargo sur les armes et a demandé à l'ONU de se préparer pour une mission de maintien de la paix.

Le 6 décembre 2013, la branche locale de la Croix-Rouge a annoncé qu'un total de 281 corps avaient été recueillis après deux jours de violence dans la capitale Bangui.

Au cours de ces affrontements, 10 assaillants armés ont attaqué une patrouille de l'armée française près de l'aéroport de Bangui. Les troupes françaises avaient cependant maîtrisé les hommes armés en tuant quatre d'entre eux, en blessant six et en détruisant leur camion.

Des milliers de civils chrétiens ont cherché refuge à l'aéroport sous contrôle français.

Le 8 décembre, le nombre de morts avait atteint 394 et le 9 décembre 465.

Amnesty international a même soutenu que le nombre de mort était d'environ 400, mais avec beaucoup de personnes enterrées avant de pouvoir être pris en compte.

Le Comité International de la Croix-Rouge (CICR) a affirmé qu'au moins 500 personnes avaient été tuées entre le 7 et le 8 décembre.

Un autre groupe de 160 personnes avait été tué à l'intérieur du pays selon le Haut-Commissariat des Nations unies pour les réfugiés (HCR), qui avait également donné les chiffres de 450 morts pour Bangui.

Dans le village de Bohang, les anti-Balaka avaient ciblé et tué 27 musulmans. Le 8 décembre, un hôpital avait également été attaqué par les rebelles ex-Séléka qui avaient tués au moins 10 personnes.

Le 13 décembre, les Casques bleus africains ont tiré des coups de semonce sur une foule qui ciblait des musulmans qui avaient trouvé refuge dans une église.

Les combats sectaires ont continué dans la capitale entre les jeunes chrétiens et des jeunes musulmans qu'un chauffeur de taxi chrétien ait été tué par les anciens combattants Séléka.

Pendant ce temps, les forces françaises soutenues par la puissance aérienne se sont ensuite battus contre les rebelles.

Le ministre français de la Défense Jean-Yves Le Drian est arrivé dans le pays pour rencontrer les troupes et les commandants.

Le 15 décembre, Djotodia a parlé avec les deux milices et a surtout considéré une éventuelle amnistie pour les deux parties.

En plus de maisons incendiées, il y avait aussi des enfants soldats dans les rues prêts à se battre.

Le 19 décembre, un soldat tchadien avait été blessé lors d'une attaque. Les résidents du quartier Gobango avaient aussi signalé des affrontements entre milices musulmanes et chrétiennes rivales, après plusieurs tirs des soldats tchadiens sur des civils.

Le lendemain, plusieurs combats ont conduit à la mort de 37 personnes. L'un des incidents avait été signalé lorsque des Casques bleus tentaient de désarmer un groupe d'anciens rebelles Séléka. Cela avait conduit à la mort de trois rebelles et d'un soldat.

Une foule de jeunes hommes portant des crucifix a également attaqué une mosquée en disant : "nous ne voulons pas de mosquées dans notre pays."

Le 22 décembre, un soldat congolais de la Misca en poste à Bossangoa avait été tué par les combattants anti-Balaka.

Contrairement à l'accueil des soldats français par les chrétiens, des dizaines de musulmans avaient défilé à Bangui le 25 décembre exigeant le départ des troupes françaises.

À la veille, des soldats de la paix tchadiens et burundais, formant une partie de MISCA, avaient échangé des tirs à Bangui.

Les tchadiens s'étaient perçus par la majorité chrétienne du pays comme étant pro-Séléka en raison de leur religion.

Le 20 décembre, la République d'Estonie a annoncé qu'elle envisageait d'envoyer des troupes en République centrafricaine.

Le 27 décembre, deux officiers congolais avaient été tués par des personnes non identifiés lors d'une embuscade à Bangui.

Face à la pression des dirigeants de la région et en raison de son incapacité à contrôler la situation, Djotodia et son Premier ministre vont démissionner lors d'un sommet tenu à N'Djamena le 10 janvier 2014.

Après la démission de Djotodia et de Tiangaye, Alexandre-Ferdinand N'Guendet succédera comme le chef d'état intérimaire et président du parlement provisoire.

Le 10 avril 2014, le Conseil de sécurité des Nations unies va approuver une résolution parrainée par la France, pour créer une force de maintien de la paix de plus de 11.800 soldats, dans le but de prévenir la violence sectaire.

Démission du Président Djotodia

Le 9 janvier 2014, Djotodia doit assister à un sommet de la CEEAC à N'Djamena, au Tchad.

L'ensemble du Parlement de 135 membres a été convoqué à ce sommet pour discuter des pourparlers de paix, qui avaient été suspendues.

Dans l'ouverture de la réunion, le président Idriss Deby a appelé à une action concrète et décisive pour arrêter la violence.

Face à la pression des dirigeants africains, Djotodia démissionnera le 10 janvier 2014, deux jours après le sommet.

Suite à sa démission, le Président du parlement, Alexandre-Ferdinand N'Guendet, deviendra président par intérim. Le Premier ministre Nicolas Tiangaye va également démissionner.

Après la célébration de la démission de Michel Djotodia par les centrafricains à Bangui, il y avait aussi des acclamations dans un camp de 100 000 déplacés à l'aéroport.

Cependant, les célébrations avaient été marquées par la vengeance des milices chrétiennes, qui avaient détruit des mosquées et attaqué des quartiers et des entreprises musulmanes.

Djotodia avait ensuite quitté le pays pour le Bénin où il avait été accueilli à l'aéroport de Cotonou par le ministre des Affaires étrangères béninois, Nassirou Bako Arifari.

Nguendet avait ensuite mis en garde les factions belligérantes de Séléka et des combattants anti-Balaka, en leur donnant un avertissement sévère pour une fin du chaos, du pillage et des attaques de vengeance. De même, les soldats et les policiers qui avaient déserté étaient invités à retourner au travail.

Le Chef d'état-major général, Ferdinand Bomboyeke avait aussi appelé ses troupes à retourner dans leurs casernes le lendemain.

Le Colonel Désiré Bakossa, qui a supervisé l'enregistrement, a déclaré que les rapatriés étaient venus en très grand nombre après l'appel du général.

Le 12 janvier, la réconciliation avait été célébrée dans plusieurs quartiers de la capitale Bangui.

Nguendet était également parti à l'aéroport, où environ 100 000 personnes avaient trouvé refuge, afin de les inciter à rentrer chez eux.

Le Représentant spécial de l'ONU, Babacar Gaye avait déclaré que le profil de Nguendet pourrait aider à rétablir l'espoir et que la communauté internationale devrait aider à organiser des élections libres, crédibles et démocratiques.

Les étrangers ont continué d'être rapatriés au milieu du mois avec 300 Maliens le 9 janvier.

Le ministre français de la Défense Jean-Yves Le Drian avait dit qu'une nouvelle direction devrait être annoncée dès que possible et que le but était d'aller de l'avant avec des élections avant la fin de l'année.

Conséquences humanitaires

En décembre, 159 000 personnes avaient été déplacées à l'intérieur du pays vers les brousse et les forêts. Seuls quelques 800 000 habitants vivaient toujours dans la capitale Bangui.

L'aéroport international de Bangui avait logé environ 40 000 personnes. Des travailleurs humanitaires ont également affirmé que plus de 500 000 personnes s'étaient déplacées à travers le pays depuis le début des combats.

L'Organisation internationale pour les migrations (OIM) avait commencé à transporter par avion des étrangers le 11 janvier 2014. Sur l'un des trois vols du week-end, 800 tchadiens d'un camp de réfugiés près de Bangui avaient été rapatriés.

Plusieurs gouvernements concernés, y compris le Mali, le Sénégal, le Niger et le Tchad avaient déjà organisé des vols d'évacuation.

L'évacuation de ces migrants devait être fait rapidement et d'une manière ordonnée pour éviter la catastrophe.

Répercussions potentielles

L'Armée de résistance du Seigneur (LRA) du seigneur de guerre Joseph Kony, qui a fait face à la diminution du nombre de ses effectifs dans sa base en Ouganda, a tenté de traverser de profiter de la situation en se réorganisant.

Conformément à une résolution du Conseil de Sécurité des Nations Unies, l'Union européenne avait imposé une interdiction des ventes d'armes dans le pays à la fin de décembre 2013.

Période Samba-Panza

Michel Djotodia et le Premier ministre Nicolas Tiangaye avaient tous les deux démissionné le 10 janvier 2014.

Le Conseil national de transition avait ensuite élu Alexandre-Ferdinand N'Guendet comme nouveau président par intérim de la République centrafricaine. Nguendet, étant le président du parlement provisoire et avait été considéré comme un homme proche de Djotodia.

Le 20 janvier 2014, Catherine Samba-Panza, le maire de Bangui, a été élu président par intérim lors d'un vote au parlement provisoire.

L'élection de Samba-Panza a été félicité par Ban Ki-moon, le Secrétaire général de l'ONU.

Samba-Panza était considérée comme ayant été neutre et loin des affrontements claniques. Son arrivée à la présidence a été généralement acceptée par les deux camps, les ex-Séléka et les anti-Balaka.

Après l'élection, Samba-Panza a fait un discours au parlement faisant appel à l'ex-Séléka et aux anti-Balaka de déposer leurs armes.

Cependant, la violence anti-musulmane a continué à Bangui malgré les appels à la paix et à la réconciliation.

Quelques jours après l'élection de Samba-Panza, l'ancien ministre de la Santé, le Dr Joseph Kalite avait été lynché en dehors de la mosquée centrale et neuf autres personnes avaient été tuées lors d'une attaque à Bangui.

L'Union européenne avait finalement décidé de mettre en place ses premières opérations militaires lorsque les ministres des Affaires étrangères ont approuvé l'envoi de 1 000 soldats dans le pays.

L'Estonie a promis d'envoyer des soldats, tandis que la Lituanie, la Slovénie, la Finlande, la Belgique, la Pologne et la Suède envisageaient l'envoi des troupes

Quelques jours après, le Conseil de sécurité des Nations Unies avait voté à l'unanimité une résolution pour l'envoi des troupes de l'Union européenne en leur donnant un mandat pour utiliser la force, ainsi que des sanctions menaçantes contre les responsables de la violence.

L'UE avait promis 500 soldats pour aider les troupes africaines et françaises déjà dans le pays.

Plus précisément, la résolution a permis l'utilisation de toutes les mesures nécessaires pour protéger les civils.

Un membre du Conseil national de transition, Jean-Emmanuel Ndjaroua, avait été tué par des hommes armés inconnus au début du mois de février.

Le chef du Bureau intégré des Nations Unies consolidation de la paix en République centrafricaine (BINUCA), le général Babacar

Gaye, a condamné les meurtres et les violences inutiles et aveugles qui créaient un climat de peur et favorisaient l'émergence d'actes de banditisme.

En tant que Secrétaire général de l'ONU, Ban Ki-moon a averti le risque d'une partition du pays entre les zones musulmanes et chrétiennes, à la suite des combats sectaires

Amnesty international accusé la milice anti-Balaka de provoquer des exodes contre les musulmans.

Samba-Panza affirmé que la pauvreté et l'échec de la gouvernance étaient causées par les conflits.

L'une des raisons invoquées sur la difficulté à arrêter les attaques par les milices anti-Balaka, était la nature de ces attaques.

Le 4 février 2014, un prêtre local déclarait que 75 personnes avaient été tuées dans la ville de Boda, dans la province de Lobaye

Le 5 février, Samba-Panza avait prononcé un discours devant un groupe de soldats de la force sous régional d'Afrique centrale à Bangui. Quelques instants après son départ, des soldats ont lynché un homme soupçonné d'être un membre de la Séléka.

Le 10 février, Jean-Emmanuel Ndjaroua, un membre du gouvernement de transition de Samba-Panza, avait été tué par des inconnus armés.

Le 15 février, la France a annoncé qu'elle enverrait 400 autres soldats dans le pays.

Le bureau du président français François Hollande a appelé à une solidarité accrue avec la RCA.

Le Conseil de sécurité des Nations Unies a déclaré qu'il fallait accélérer le déploiement de troupes de maintien de la paix en RCA.

Dans la partie intérieure du pays, un nouveau mouvement armé nommé Justice et Redressement avait été signalé.

Dans le sud-ouest, les militants anti-Balaka avaient attaqué Guen au début de février, entraînant la mort de 60 personnes, selon le Père Rigobert Dolongo, qui a également dit qu'il avait aidé à enterrer les corps des morts.

À la fin du mois, le président français François Hollande a fait un autre voyage dans le pays après une conférence sur la sécurité au Nigeria.

Il a rencontré le contingent français, Samba-Panza et d'autres chefs religieux anonymes.

À la mi-Mars, le Conseil de sécurité a autorisé une enquête sur possible génocide, qui à son tour sera suivie par la Cour pénale internationale (CPI).

Flavien Mulume, le commandant par intérim du contingent congolais de la MISCA, a déclaré que deux soldats rwandais avaient été blessés par les anti-Balaka à Bangui.

Le 29 mars, les Casques bleus tchadiens qui ne faisaient pas partie de la MISCA sont entrés dans le marché du quartier PK12 de Bangui à environ 15h00 et aurait selon l'ONU ouvert le feu sur la population, résultant 30 morts et plus de 300 blessés. Certaines sources ont indiqué qu'ils étaient à Bangui pour évacuer les tchadiens.

Le 3 avril, le Tchad a annoncé le retrait de ses forces de la MISCA.

Le premier lot de 55 soldats de l'EUFOR est arrivé à Bangui, le 9 avril avec l'intention de "maintenir la sécurité et la formation des agents locaux."

Le 15 Septembre, la France a appelé à un vote au Conseil de sécurité le lendemain autorisant l'envoi de 10 000 soldats et 1 800 policiers pour remplacer les plus de 5 000 soldats de l'Union africaine.

La population musulmane de Bangui avait chuté de 138 000 à 900.

De décembre 2013 à mai 2014, 100 000 personnes avaient fui vers le Cameroun, le Tchad et la République démocratique du Congo.

Le 28 mai, les rebelles Séléka ont pris d'assaut un composé de l'église catholique, tuant au moins 30 personnes.

Le 2 juin, le gouvernement avait interdit la messagerie texte, la jugeant une menace de sécurité.

Le 23 juin, les forces anti-Balaka avaient tué 18 membres d'un village majoritairement musulmane de Bambari.

Plusieurs jeunes Séléka avaient pris la revanche contre cette attaque en tuant 10 anti-Balaka.

Le 8 juillet, 17 personnes avaient été tuées lorsque les forces Séléka avaient attaqué une église catholique à Bambari, croyant que l'église était supposée abriter des troupes anti-Balaka.

Le 12 juillet, Michel Djotodia avait été réintégré à la tête de la Séléka, et le groupe avait changé de nom en faveur du Front populaire pour la renaissance de la République centrafricaine.

Après trois jours de discussions, un accord de cessez-le feu avait été signé le 24 juillet 2014 à Brazzaville, en République du Congo.

Le représentant de la Séléka était Mohamed Moussa Dhaffane, et le représentant des anti-Balaka était Patrick Edouard Ngaissona.

Les pourparlers avaient été organisés par le président congolais, Denis Sassou Nguesso.

Le 25 juillet, le chef militaire Joseph Zindeko de la Séléka a rejeté l'accord de cessez-le feu et a appelé à une partition de la République centrafricaine entre des états chrétiens et musulmans.

En mai 2015, une conférence de réconciliation nationale appelée le Forum national de Bangui avait été organisée par le gouvernement de transition.

Le forum a donné lieu à l'adoption d'un pacte républicain pour la paix, la réconciliation nationale et la reconstruction et la signature d'un accord de Désarmement, Démobilisation, Réintégration et Rapatriement (DDRR), entre les groupes armés.

En septembre 2015, au moins 42 personnes ont été tuées à Bangui lorsque les musulmans ont attaqué un quartier majoritairement chrétien.

Au milieu des conditions chaotiques, plus de 500 détenus s'étaient évadés de la prison centrale Nagaragba, y compris les combattants des deux milices chrétiennes et musulmanes.

Contexte Historique

L'histoire de la République centrafricaine est à peu près composé de quatre périodes distinctes. La première période de colonisation a commencé il y a environ 10 000 ans lorsque les peuples nomades ont commencé à s'installer dans la région. La période suivante a commencé il y a environ 1000 à 3000 ans, lorsque plusieurs groupes non-autochtones ont commencé à migrer dans la région à partir des autres parties du continent. La troisième période impliquait la conquête coloniale par la France et l'Allemagne, qui a duré à partir de la fin des années 1800 jusqu'en 1960 lorsque la République centrafricaine est devenue un Etat indépendant.

Il y a environ 10 000 ans, la désertification a forcé les sociétés de chasseurs-cueilleurs au sud des régions du Sahel de l'Afrique Centrale, où certains groupes se sont installés et ont commencé à cultiver la terre dans le cadre de la révolution néolithique. L'agriculture initiale du mil, du sorgho et de l'igname blanche a progressé et plus tard la domestication du palmier à huile a amélioré la nutrition des groupes et a permis l'expansion des populations locales. La banane est ensuite arrivée dans la région et a ajouté une source importante de glucides au régime alimentaire.

Les bananes ont également été utilisés dans la production d'alcool.

Cette révolution agricole, combinée à une révolution du poisson, dans laquelle la pêche a commencé à prendre place grâce à l'utilisation de bateaux autorisé pour le transport des marchandises. Les produits ont été souvent déplacés dans des pots en céramique, qui sont les premiers exemples connus d'expression artistique à partir des habitants de la région.

Les Mégalithes de Bouar dans la région ouest du pays indiquent un niveau d'habitation datant du Néolithique (3500 à 2700 ans avant JC).

La culture du fer est arrivée dans la région autour de 1000 ans avant JC à travers la présence des Bantous.

Pendant les migrations bantoues d'environ 1000 ans avant JC, les peuples de l'Oubangui se propagèrent vers l'est du Cameroun et au Soudan. Les bantous se sont installés dans les régions du sud-ouest de la RCA et le long de la rivière Oubangui.

La production de cuivre, du sel, du poisson séché, et de textile a dominé le commerce économique dans la région d'Afrique centrale pendant cette période.

Le territoire de la République centrafricaine moderne est connu pour avoir été occupé depuis au moins le 7ème siècle par des empires comme le Kanem-Bornou, l'Ouaddai, le Baguirmi, et les peuples du Darfour à partir de la base de la région du lac Tchad et le long du Nil.

Au 16ème et 19ème siècle

Au cours des 16ème et 17ème siècles, les marchands d'esclaves musulmans ont commencé à piller la région et leurs captifs ont été expédiés vers la côte méditerranéenne, l'Europe, l'Arabie, l'hémisphère occidental à partir des ports d'esclaves le long des côtes de l'atlantique.

C'est dans ce sens que les peuples Bobangi sont devenus des grands marchands d'esclaves et ont commencé à vendre leurs captifs aux Amériques en utilisant le fleuve Oubangui pour atteindre la côte du Congo.

Au 18ème siècle, les peuples Bandia-Nzakara ont établi le Bangassou Uni le long de la rivière Oubangui.

La migration de la population au cours du 18ème et 19ème siècles a apporté de nouvelles ethnies dans la région, y compris les Zande, les Banda et les Baya-Mandjia.

Oubangui-Chari

L'Oubangui-Chari était une colonie française en Afrique centrale, issue du nom des fleuves Oubangui et Chari.

Elle avait été établie le 29 décembre 1903, à partir de l'Oubangui supérieur (Haut-Oubangui) et de la Haute-Shari (Haut-Chari), les territoires du Congo français.

Rebaptisé République centrafricaine (RCA) le 1 décembre 1958, elle a obtenu son indépendance de la France le 13 août 1960.

Histoire

Les activités françaises dans la région ont commencé en 1889 avec l'établissement de l'avant-poste Bangui.

Le Haut-Oubangui a été créé dans le cadre du Congo français le 9 décembre 1891.

En dépit d'une convention franco-belge établissant une frontière autour de la 4ème

parallèle, la zone a été contestée entre 1892 et 1895 avec le Congo belge, qui a revendiqué la région de l'Oubangui-Bomu (Oubangui-Bomou).

Le Haut-Oubangui était une colonie séparée, du 13 juillet 1894 jusqu'au 10 décembre 1899, au cours de laquelle elle a été introduit dans le Congo français. La région du Haut-Shari a été introduite au Congo français le 5 septembre 1900.

Les territoires ont été unis comme une colonie séparée de l'Oubangui-Chari le 29 décembre 1903, après la défaite française contre Abbas II de l'Egypte, qui avait revendiqué la région.

Le 11 février 1906, cette colonie a fusionné avec les territoires français autour du lac Tchad et est devenu Oubangui-Chari à partir de l'Oubangui-Chari-Tchad.

Le 15 janvier 1910, cette administration a été fusionné avec le Moyen-Congo et le Gabon français pour former l'Afrique équatoriale française (AEF).

Dans le cadre de l'AEF, elle a été déclarée territoire d'outre-mer le 31 décembre, 1937.

Entre 1915 et 1931, les timbres ont été surimprimés pour une utilisation commune pour la colonie.

Pendant la Seconde Guerre mondiale, l'Oubangui-Chari est resté fidèle à la France de Vichy, du 16 juin au 29 août 1940, avant d'être contrôlé par la France libre.

Afrique équatoriale française (AEF)

L'Afrique équatoriale française (AEF), était une fédération coloniale française d'Afrique centrale, qui comprenait ce que sont aujourd'hui le Tchad, la République centrafricaine, le Cameroun, la République du Congo et le Gabon.

Fondée en 1910, la fédération contenait cinq territoires: le Congo français, le Gabon, l'Oubangui-Chari, le Tchad et le Cameroun français (après la Première Guerre mondiale), bien que ce dernier n'ait pas été organisé comme une entité distincte jusqu'en 1920.

Brazzaville était la capitale de l'AEF avec des députés dans chaque territoire.

En 1911, la France cède les parties du Cameroun Allemand, à la suite de la crise d'Agadir. Le territoire a été renvoyé après la défaite de l'Allemagne après la Première Guerre mondiale

À la fin des années 1920 et au début des années 1930, un mouvement anti-colonial, la Société Amicale des originaires de l'AEF a été créé par André Matsoua, dans le but la nationalité française pour les habitants du territoire.

Pendant la Seconde Guerre mondiale, la fédération s'était ralliée aux forces françaises libres sous Félix Éboué en août 1940, sauf le Gabon qui était toujours sous le contrôle de la France de Vichy. Entre le 16 juin 1940 et le 12 novembre 1940, la fédération était devenue le centre stratégique des activités françaises libres en Afrique.

Sous la 4ème République française (1946-1958), la fédération était représentée au parlement français. Lorsque les territoires ont voté lors du référendum de septembre 1958 pour devenir autonome au sein de la Communauté française, la fédération avait été dissoute.

En 1959, les nouvelles républiques ont formé une association intermédiaire appelée l'Union des Républiques d'Afrique centrale, avant de devenir totalement indépendant en Août 1960.

Administration

Jusqu'en 1934, l'Afrique équatoriale française (AEF) était une fédération de colonies françaises comme l'Afrique occidentale française (AOF). Cette année, l'AEF est devenue une entité unitaire et ses colonies constituantes devenu des sous régions, avant de devenir plus tard connu comme des territoires en 1937. Il y avait un budget unique pour la colonie unifiée; avant l'unification, chaque membre avait sa propre économie.

En 1942, l'AEF a été administré par un gouverneur général, qui avait la direction suprême de tous les services, à la fois civile et militaire.

Cependant, sa puissance avait été limitée dans la pratique en centralisant la politique coloniale de la France. La plupart des lois importantes étaient adoptées à Paris. Le gouverneur général était assisté par un conseil d'administration composé des fonctionnaires importants à la fois africains et européens, élus indirectement.

Sous la colonie unifiée, trois des territoires constitutifs étaient administrés par un gouverneur, alors que le Moyen-Congo était sous la tutelle du gouverneur général.

Chacun avait un conseil des intérêts locaux, similaires au conseil d'administration. Localement, les territoires ont été subdivisés en départements et supervisés par des fonctionnaires nommés. Les seules municipalités étaient les capitales des territoires, qui ont été classées comme communes des mixtes, par opposition aux communes du Sénégal qui avaient des conseils démocratiquement élus.

Bien que les municipalités étaient autonomes, leurs maires et les conseils étaient nommés.

Territoires

Tchad

Oubangui-Chari (actuellement République centrafricaine)

Congo Français (actuellement République du Congo)

Gabon

Cameroun Français (actuellement partie est-Cameroun)

L'Empire Centrafricain

L'Empire centrafricain était une monarchie constitutionnelle de courte durée auto-déclarée sous une dictature militaire à parti unique, qui avait remplacé la République centrafricaine. L'empire a été formé par le maréchal Jean-Bedel Bokassa, président à vie de la République centrafricaine, qui se déclara empereur Bokassa I le 4 décembre 1976.

Bokassa a dépensé l'équivalent de plus de 20 millions de dollars américains, un tiers du revenu annuel du pays, pour la cérémonie de son couronnement.

La monarchie avait été abolie et le nom de République centrafricaine avait ensuite été rétablie le 21 septembre 1979.

Proclamation de l'Empire

En septembre 1976, Bokassa va dissoudre le gouvernement en faveur du Conseil de la Révolution Centrafricaine.

Le 4 décembre 1976, Bokassa sera reconverti au catholicisme romain car il était devenu brièvement un musulman et va déclarer le remplacement de la République centrafricaine par L'Empire Centrafricain. Il se fera ensuite couronné Bokassa 1er le 4 décembre 1977.

Le titre complet de Bokassa était Empereur de Centrafrique par la Volonté du peuple Centrafricain, uni au sein du parti national politique national Mesan.

La cérémonie de couronnement avait été largement inspirés du couronnement de Napoléon Ier, qui avait converti la Première République française.

Bokassa a tenté de justifier ses actions en affirmant que la création d'une monarchie aiderait la République centrafricaine à se démarquer du reste du continent.

L'Opération Barracuda

Le renversement de Bokassa par le gouvernement français a été appelé par la « dernière expédition coloniale de la France » par le français Jacques Foccart.

L'Opération Barracuda a commencé dans la nuit du 20 septembre et a pris fin tôt le lendemain matin.

Un commando de l'agence des renseignements français (aujourd'hui DGSE), rejoint par le 1er Bataillon d'Infanterie Marine, des parachutistes des forces spéciales, dirigé par le colonel Brancion-Rouge, a débarqué à l'aéroport international de Bangui.

Chute de l'Empire

Le 21 septembre 1979, l'ancien président renversé par Bokassa quelques années avant, David Dacko, va a proclamé la fin de l'Empire centrafricain. David Dacko est resté Président jusqu'à ce qu'il soit à son tour renversé par le Général André Kolingba, le 1er septembre 1981.

Barthélemy Boganda

Barthélemy Boganda, né le 4 avril 1910 et mort le 29 mars 1959, était le premier homme politique nationaliste de ce qui est aujourd'hui la République centrafricaine (RCA). Boganda a été actif avant l'indépendance de son pays, pendant la période de l'Afrique équatoriale française (AEF).

Il est le 1er Premier Ministre du territoire autonome de la République centrafricaine.

Boganda est d'abord né dans une famille d'agriculteurs de subsistance, avant d'être adopté puis instruit par les missionnaires de l'Église catholique romaine.

En 1938, il avait été ordonné comme premier prêtre catholique de l'Oubangui-Chari. Au cours de la Seconde Guerre mondiale, Boganda a servi dans un certain nombre de missions avant d'avoir été convaincu par l'évêque de Bangui d'entrer en politique. En 1946, il est devenu le premier oubanguien élu à l'Assemblée nationale française, où il a maintenu une plate-forme politique contre le racisme et le régime colonial. Il est ensuite retourné en Oubangui-Chari pour former un mouvement populaire en opposition au colonialisme français. Le mouvement a conduit à la formation en 1949, du Mouvement pour l'évolution sociale de l'Afrique noire (MESAN), qui avait été très populaire parmi les paysans et la classe ouvrière.

Boganda a continué à plaider en faveur de l'égalité de traitement et de droits civils pour les Noirs sur le territoire dans les années 1950.

En 1958, lorsque la quatrième République française a commencé à envisager d'accorder l'indépendance à la plupart de ses colonies africaines, Boganda a rencontré le Premier ministre Charles de Gaulle pour discuter des termes pour l'indépendance de l'Oubangui-Chari. De Gaulle a accepté les termes de Boganda, et le 1ᵉʳ décembre, Boganda a déclaré la création de la

République centrafricaine. Il est devenu le premier Premier ministre du territoire autonome et sera destiné à servir en tant que premier président de la RCA indépendante. Il a été tué dans un mystérieux accident d'avion le 29 mars 1959, lorsqu'il voyageait vers Bangui. Les experts ont trouvé une trace d'explosifs dans l'épave de l'avion, mais la révélation de ce détail a été retenu.

Bien que les responsables de l'accident n'aient jamais été identifiés, les gens ont soupçonné les services secrets français, et même la femme de Boganda, d'être impliqué.

Un peu plus d'un an plus tard, le rêve de Boganda avait été réalisé, lorsque la République centrafricaine était devenue indépendante.

Jeunesse

Boganda est né dans une famille d'agriculteurs de subsistance à Bobangui, un grand village M'Baka dans le bassin de Lobaye, situé à la lisière de la forêt équatoriale, à environ 80 kilomètres au sud-ouest de Bangui.

L'exploitation commerciale française de l'Afrique centrale avait atteint son apogée à l'époque de la naissance de Boganda, mais avait été interrompue par la Première guerre mondiale, avant de reprendre dans les années 1920.

Les français utilisaient ce qui était essentiellement une forme d'esclavage connue sous le nom de travail forcé et l'un des plus notoire était la Compagnie forestière de la Sangha-Oubangui, qui participait à la collecte de caoutchouc dans le district de Lobaye.

À la fin des années 1920, la mère de Boganda a été battu à mort par les responsables de l'entreprise lors de la collecte du caoutchouc dans la forêt.

Son oncle, dont le fils est Jean-Bedel Bokassa qui sera couronné comme empereur de l'Empire Centrafricain, a été battu à mort au poste de police coloniale en raison de sa résistance présumée au travail.

Le père de Boganda était un sorcier qui avait été engagé dans des rituels magiques.

Pendant ses premières années, Boganda a été adopté par les missionnaires catholiques. Adolescent, il a fréquenté l'école de Mbaiki (le centre administratif de la préfecture de Lobaye) fondée par le Directeur de la poste, le lieutenant Mayer.

De décembre 1921 à décembre 1922, il passait deux heures par jour à apprendre comment lire, tout en dépensant le reste de son temps à effectuer son travail manuel.

Le 24 décembre, il a été baptisé par l'église sous le nom de Barthélemy, en l'honneur de l'un des douze apôtres de Jésus-Christ.

Le Père Gabriel Herrau envoya Boganda à l'école catholique de Betou, puis à l'école de la Mission Saint Paul à Bangui, où il a terminé ses études primaires sous Mgr Calloch, qu'il considérait comme son père spirituel.

Les missionnaires l'avaient encouragé, à cause de son comportement pieux, de poursuivre des études secondaires dans les petits séminaires de Brazzaville et de Kisantu avant de s'installer au grand séminaire de Yaoundé.

Le 17 mars 1938, l'accomplissement d'une ambition qu'il avait eu depuis douze ans a été réalisé lorsqu'il deviendra le premier prêtre de l'Oubangui-Chari.

Il avait un ministère à Bangui, Grimari et Bangassou, et en 1939, son évêque a rejeté sa demande de rejoindre l'armée française.

Il était nécessaire, comme beaucoup de Français impliqués dans l'église, de combattre pendant la Seconde Guerre mondiale, au cours de laquelle il servira dans un certain nombre de missions.

Carrière politique

Après la Seconde Guerre mondiale, Boganda a été invité par l'évêque de Bangui, Mgr Grandin, pour compléter ses œuvres humanitaires et sociales par l'action politique. Boganda a décidé de se présenter aux élections législatives pour rejoindre l'Assemblée nationale française.

Le 10 novembre 1946, il est devenu le premier oubanguien élu à l'assemblée, après avoir remporté près de la moitié du total des suffrages exprimés en battant trois autres candidats, y compris le titulaire sortant, François Joseph Reste, qui avait autrefois servi en tant que gouverneur général de l'Afrique équatoriale française (AEF).

Boganda est ensuite arrivé à Paris vêtu de son habit ecclésiastique et se présenta à ses collègues législateurs.

En 1947, Boganda a mené une campagne animée contre le racisme et le régime colonial.

Il servira au Parlement jusqu'en 1958 avant de retourner en Oubangui-Chari pour organiser un mouvement de base des enseignants, des chauffeurs routiers et des petits producteurs contre le colonialisme, bien que sa précédente tentative de mettre en place une coopérative de commercialisation avec les planteurs africains de son ethnie avait échoué.

Le 28 septembre 1949, il fonde le Mouvement pour l'évolution sociale de l'Afrique noire (MESAN), un mouvement politique quasi-religieux qui a cherché à dominer la politique locale. Son slogan politique était la phrase Sango "zo kwe zo", qui signifiait chaque indigène est un être humain. En effet, il était à la recherche de l'égalité de traitement et de droits civils pour les Noirs au sein de l'Union française plutôt que l'indépendance.

Le mouvement était plus populaire parmi les villageois que les citadins, que Boganda considérait comme servile et à qui il avait appliqué le terme péjoratif Mboundjou-Voko qui signifiait Noir-Blanc.

En outre, il a créé l'Intergroupe Oubanguien libéral (IOL) en 1953, qui visait à élire un nombre égal d'hommes politiques noir et blanc à l'assemblée, de sorte qu'un collège électoral uni soit établi.

Les activités du Mesan avaient suscité la colère de l'administration française et des sociétés de de coton, de café, de diamants et des autres produits.

La chambre de commerce de Bangui était contrôlée par ces sociétés et les populations avaient ressenti la disparition du travail forcé et la hausse résultante du nationalisme noir.

Les français haïssaient Boganda en particulier, le considérait comme un démagogue révolutionnaire dangereux et une menace pour leurs entreprises.

C'est dans cette atmosphère qu'ils ont décidé de se débarrasser de lui.

La présence du Rassemblement démocratique africain (RDA) dans les trois autres territoires de l'Afrique équatoriale française représentait une menace pour le Mesan.

Cependant en 1958, bien que d'autres parties aient été autorisés, ils ont été réduits à des groupes minuscules.

À de nombreuses reprises, le Général Charles de Gaulle avait exprimé sa sympathie pour l'Oubangui-Chari qui avait soutenu les Forces françaises libres dès août 1940 et a refusé de soutenir le RDR contre Boganda et ses hommes.

Des discussions ont conduit à l'acceptation des demandes de Boganda pour l'indépendance et l'approbation de la Communauté française dans toute l'Afrique équatoriale française (AEF).

L'attachement de Boganda à sa vocation avait été affaibli lorsqu'il rencontrera et tombera amoureux d'une jeune femme française, Michelle

Jourdain, qui était employée comme secrétaire parlementaire. Ils se sont mariés le 13 juin 1950

Boganda et Jourdain auront plus tard deux filles et un fils.

Le 29 mars 1951, Boganda avait été condamné à deux mois de prison à la suite de son arrestation le pour avoir intervenu dans des conflits locaux de Lobaye. Sa femme avait été condamné à 15 jours de prison.

Le 17 juin, il avait été réélu à l'Assemblée nationale avec 48% des voix, malgré les obstacles placés sur son chemin par l'administration française.

Pendant cette même période, le Mesan était devenu le parti majoritaire à l'Assemblée en mars 1952.

Boganda avait joué un rôle crucial dans les années 1956-1958 et était toujours resté sympathique face aux intérêts français.

En 1956, Boganda a accepté la représentation européenne sur les listes électorales en échange d'un soutien financier des chefs d'entreprises français, et le 18 novembre, il sera élu comme premier maire de Bangui.

Le 31 mars 1957, le Mesan va remporter tous les sièges lors des élections de l'Assemblée territoriale.

Le 18 juin, Boganda sera élu président du Grand Conseil de l'Afrique équatoriale française, et en mai vice-président du Conseil de gouvernement de l'Oubangui-Chari.

Boganda va ensuite plaider pour l'indépendance de toutes l'Afrique équatoriale française et la formation des États-Unis d'Afrique latine, qui comprendra les anciennes colonies françaises, belges et portugaises de l'Afrique centrale.

Cependant, le 1er décembre 1958, Boganda va déclarer la création de la République centrafricaine en tant que membre autonome de la Communauté française.

Le 8 décembre, le premier gouvernement de la RCA sera dirigé par Boganda.

Le nouveau gouvernement avait commencé par l'adoption d'une loi interdisant la nudité et le vagabondage.

Sa tâche principale était d'élaborer une constitution démocratique. Cela a été approuvé par l'assemblée le 16 février 1959.

L'indépendance formelle est venue plus tard, le 13 août 1960.

Mort de Boganda

Boganda était en passe de devenir le premier président de la RCA indépendante lorsqu'il est monté à bord d'un avion à Berbérati, pour un vol vers Bangui, le 29 mars 1959, peu de temps avant les élections législatives.

L'avion a explosé en plein vol au-dessus de Boukpayanga, dans la sous-préfecture de Boda, à environ 160 kilomètres à l'ouest de Bangui, tuant tous les passagers et membres d'équipage.

Aucune commission d'enquête n'a jamais été formé pour déterminer les causes de cet accident.

Les obsèques ont eu lieu le 2 avril à la cathédrale Notre-Dame de Bangui.

L'hebdomadaire parisien l'express révélera que des experts avaient trouvé des traces d'explosifs dans l'épave de l'avion.

Michelle Jourdain avait également été soupçonné d'être impliqué dans cet accident. En effet, les relations entre Boganda et sa femme s'étaient détériorées en 1959.

Certains avaient même soupçonné l'implication de Bokassa.

Abel Goumba, un ministre du gouvernement Boganda avait été présenté comme son successeur logique. Cependant, son cousin, le ministre de l'Intérieur David Dacko, avait été soutenue par le haut-commissaire, le colonel Roger Barberot pour succéder à Boganda.

Héritage

Boganda est non seulement considéré comme le héros et le père de sa nation centrafricaine, mais aussi comme l'un des grands leaders de la décolonisation en Afrique.

Plusieurs lieux portent son nom à Bangui et dans certains pays francophones.

Le 29 mars, le jour de sa mort, est un jour férié.

Boganda est aussi le concepteur du drapeau de la République centrafricaine, prévu à l'origine pour les États-Unis d'Afrique latine.

Boganda fait partie d'une longue lignée de dirigeants politiques africains qui, dans une tentative de développer des politiques spécifiquement nationales, ont été présentés ou se sont présentés, comme des grands leaders nationalistes, glorifiés et parfois presque déifiés.

Ils ont été salués comme les pères de leurs nations et considérés comme des sages dans leurs façons de comprendre les intérêts de leurs peuples.

Permis eux on peut citer : Léopold Sédar Senghor, Félix Houphouët-Boigny, Moktar Ould Daddah, Ahmed Sékou Touré, Modibo Keïta, Léon M'ba et Daniel Ouezzin Coulibaly.

Les États-Unis d'Afrique Latine

Les Etats-Unis d'Afrique latine était le projet d'union des pays d'Afrique centrale parlant les langues latines et envisagés par Barthélémy Boganda en mai 1957.

Les pays qui étaient favorables à cette grande entité fédérale étaient l'Angola, la République démocratique du Congo, le Rwanda, le Burundi, la République du Congo, la République centrafricaine, le Tchad, les parties francophones du Cameroun, le Gabon et la Guinée équatoriale.

La mise en œuvre de l'idée a été écourtée par la mort de Boganda le 29 mars, 1959.

David Dacko

David Dacko, né le 24 mars 1930 et mort en novembre 2003, était le 1er Président de la République centrafricaine du 14 Août 1960 au 1 janvier 1966 et le 3ème Président du 21 septembre 1979 au 1 septembre 1981.

Dacko était une figure politique importante du pays pendant plus de 50 ans.

Enfance et Carrière

Dacko est né dans le village de Bouchia, près de Mbaiki, dans la région de la Lobaye.

Il est un cousin éloigné de son futur rival Jean-Bedel Bokassa. Il a commencé l'école primaire à Mbaiki, où son père travaillait comme gardien de plantation. Il a poursuivi ses études primaires à Bambari avant d'être admis à la Ecole normale de Mouyondzi au Moyen Congo.

Il reviendra au pays pour devenir instituteur dans une grande école primaire de la capitale Bangui en 1951.

Après avoir pris part à un programme éducatif expérimental promu par l'administration coloniale française, Dacko sera nommé principal du Collège de Kouanga en 1955 avant de devenir un partisan du leader indépendantiste Barthélémy Boganda, qui était du même groupe ethnique.

En mars 1957, Dacko se présentera comme candidat pour les élections législatives de l'Oubangui-Chari pour la circonscription de l'Ombella-M'Poko et remportera un siège à l'Assemblée territoriale de l'Oubangui-Chari

Lorsque le premier Conseil de gouvernement de l'Oubangui-Chari a été établi la même année, Boganda nommera Dacko Ministre de l'Agriculture, de l'Elevage, des Eaux et Forêts.

Dacko va ensuite servir en tant que Ministre de l'intérieur et des Affaires administratives du 23 août au 8 décembre 1958.

Lorsque l'Assemblée territoriale deviendra une Assemblée nationale le 1er décembre 1958, Dacko et ses collègues deviendront des députés.

Dacko restera au sein du gouvernement en tant que Ministre de l'Intérieur, de l'Economie et du Commerce jusqu'en avril 1959.

Président de la République

Après l'indépendance, le 13 août 1960, David Dacko deviendra Président de la République du 12 décembre 1960 au 31 décembre 1965.

Dacko avait commencé à consolider son pouvoir peu de temps après sa prise de fonction en 1960.

Il a conservé le portefeuille de ministre de la Défense et de Garde des Sceaux et va modifier la Constitution pour transformer son régime en un État à parti unique.

Au cours de son premier mandat en tant que président, Dacko a augmenté de manière significative la production de diamants en République centrafricaine en éliminant le monopole sur l'exploitation minière détenue par des sociétés concessionnaires.

Il a également réussi à construire une usine de diamant à Bangui.

Les diamants vont finalement devenir l'exportation le plus important du pays.

Dacko va encourager la nationalisation rapide de l'administration du pays qui sera accompagner par une croissance de la corruption et une augmentation du nombre des fonctionnaires.

Les difficultés d'obtenir suffisamment de revenus pour payer les fonctionnaires inefficaces et corrompus sera un problème majeur pour le pays.

Afin de cultiver des sources alternatives de soutien et d'afficher son indépendance en matière de politique étrangère, David Dacko va cultiver des relations plus étroites avec la République populaire de Chine.

En 1965, Dacko commencera à perdre le soutien de la plupart des responsables locaux.

Coup d'État de Bokassa

Dans la nuit du 31 décembre 1965 au 1 janvier 1966, le Général Bokassa va réaliser avec succès un coup d'État contre Dacko.

Dacko, qui appartenait au même groupe ethnique ngbaka que Bokassa, sera emprisonné et placé en résidence surveillée à Lobaye, mais ensuite libéré le 16 juillet 1969 et finalement nommé conseiller personnel du président Bokassa, le 17 septembre 1976.

En 1970, Dacko réussira de partir à Paris où les français essayeront de lui convaincre à éliminer Bokassa du pouvoir.

Retour au pouvoir

En septembre 1979, les parachutistes français effectueront l'Opération Barracuda qui renversera Bokassa et restaurera Dacko à la présidence.

Dacko sera considéré par de nombreux Centrafricains comme une marionnette de la France.

Coup d'État de Kolingba

Le 1er septembre 1981, Dacko sera renversé par un coup d'État sans effusion de sang mené par le chef d'état-major général des forces armées, André Kolingba.

Dacko va enfin participer aux élections présidentielles de 1992 et 1993 en obtenant 20,10% des suffrages exprimés.

Opposition, maladie et décès

De 1993 à 2003, Dacko a continué de participer activement à la politique du pays en tant que chef de l'opposition. Dacko et Kolingba ont été les principaux dirigeants de l'opposition.

Dacko avait été candidat pour la dernière fois lors des élections présidentielles de 1999 où il obtiendra 11,2% des voix.

Le 20 novembre 2003, David Dacko sera décédé à l'hôpital de Yaoundé au Cameroun.

Le gouvernement centrafricain va ensuite décréter un mois de deuil national en sa mémoire. Il sera enterré à Mokinda, près de sa résidence, le 13 décembre.

Famille

Dacko et sa femme Brigitte ont eu sept fils et quatre filles.

Dacko a reçu de nombreux prix et distinctions au cours de sa vie, y compris celui de Commandeur dans l'Ordre du mérite centrafricain.

Une rue principale porte aussi son nom, avenue du Président David Dacko.

Jean-Bedel Bokassa

Jean-Bedel Bokassa, né le 22 février 1921 et mort le 3 novembre 1996, était un officier militaire et le Président de la République Centrafricaine. Il a aussi régné en tant qu'empereur de L'Empire Centrafricain. Son régime impérial a duré du 4 décembre 1976 au 21 septembre 1979.

Après son renversement, la République centrafricaine avait été restauré par David Dacko.

Jeunesse

Bokassa est né le 22 février 1921, l'un des 12 enfants de Mindogon Bokassa, un chef de village M'Baka, dans le bassin Lobaye, situé à la lisière de la forêt équatoriale

Le 13 novembre 1927, son père avait été battu à mort sur la place publique du village, à l'extérieur du bureau de la préfecture. Une semaine plus tard, la mère de Bokassa incapable de supporter cette douleur, décidera de se suicider.

Bokassa va ensuite recevoir une éducation à l'École Sainte-Jeanne d'Arc, une école de la mission chrétienne dans Mbaïki. Il était de petite taille et fort physiquement.

Pendant ses études, il deviendra particulièrement friands d'un livre de grammaire française écrit par un auteur nommé Jean Bedel. Ses professeurs remarqueront cet attachement, et commenceront à l'appeler par "Jean-Bedel".

Bokassa va étudier à l'École Saint-Louis de Bangui, sous le Père Grüner. Il a ensuite étudié à Brazzaville, où il a développé ses capacités de cuisinier.

Après avoir été diplômé en 1939, Bokassa va rejoindre les troupes coloniales françaises comme tirailleur le 19 mai 1939.

Carrière militaire

Tout en servant dans le deuxième bataillon d'infanterie, Bokassa est deviendra caporal en juillet 1940 et sergent en novembre 1941.

Il est resté dans l'armée française après la guerre, avant de rejoindre l'école des officiers de Saint-Louis au Sénégal.

Le 7 septembre 1950, Bokassa se dirigea vers l'Indochine en tant que spécialiste des transmissions pour le bataillon de Saigon-Cholon.

Pour ses exploits dans la bataille, il sera honoré par la Légion d'honneur et décoré par la Croix de guerre.

Au cours de son séjour en Indochine, il avait épousé une jeune femme vietnamienne nommée Nguyen Thi Huê qui lui donna une fille.

À son retour en France, Bokassa était stationné à Fréjus, où il a enseigné les transmissions radio aux nouveaux recrues africains.

En 1956, il a été promu sous-lieutenant et deux ans plus tard lieutenant.

Bokassa a ensuite servi comme assistant militaire en décembre 1958 à Brazzaville

En 1959, après une absence de vingt ans, il retournera dans son pays natal pour s'installer à Bangui. Il avait été promu au grade de capitaine le 1er Juillet 1961.

Lorsque la colonie République centrafricaine est devenu un territoire indépendant le 13 août 1960, Bokassa quittera l'armée française pour rejoindre les forces militaires de la RCA avec le grade de commandant de bataillon.

En tant que cousin du président David Dacko et neveu de Barthélémy Boganda, Bokassa a reçu la tâche de créer l'armée du nouveau pays.

En raison de sa relation avec Dacko et de son expérience à l'étranger dans l'armée française, Bokassa deviendra le premier colonel de l'armée centrafricaine en décembre 1964.

Il apparaît souvent en public avec toutes ses décorations militaires. Pendant les cérémonies officielles, il était souvent assis à côté de Président Dacko pour afficher son importance au sein du gouvernement.

Coup d'État de Bokassa

En décembre 1965, des officiers fidèles à Bokassa vont annoncer sur Radio-Bangui que le gouvernement Dacko avait été renversé par Bokassa qui avait pris le contrôle du pays.

Le lendemain dans la matinée, Bokassa, adressera un message au peuple à Radio-Bangui.

Les premières années du régime Bokassa

Bokassa va former un nouveau gouvernement appelé le Conseil révolutionnaire, changer la constitution et dissoudre l'Assemblée nationale.

Dans son discours à la nation, Bokassa avait affirmé que le gouvernement allait tenir des élections à l'avenir, qu'une nouvelle assemblée sera formée, et qu'une nouvelle constitution sera écrite.

Après la prise du pouvoir par Bokassa, la mendicité était interdite et une brigade anti-criminelles avait été formé dans la capitale pour surveiller les bars et les lieux publics. La polygamie, la dote lors des mariages coutumiers et la circoncision féminine ont tous été supprimés.

Bokassa a également ouvert un système de transport public à Bangui, composé de trois lignes de bus interconnectés à travers la capitale, ainsi qu'un service de transport sur la rivière Oubangui.

Il avait aussi fondé deux orchestres nationaux.

En dépit des changements positifs dans le pays, Bokassa avait des difficultés à obtenir une reconnaissance internationale pour son nouveau gouvernement.

Bokassa a également estimé que le coup était nécessaire pour prévenir la corruption.

Après plusieurs négociations, il a ensuite obtenu la reconnaissance diplomatique du président Tombalbaye du Tchad voisin, qu'il a rencontré à Bouca, Ouham.

Bokassa a rencontré le Premier ministre Georges Pompidou le 7 juillet 1966.

Le Général de Gaulle a décidé de faire une visite officielle en RCA le 17 novembre 1966.

Pour le régime Bokassa, cette visite signifiait que les français avaient finalement accepté les nouveaux changements dans le pays.

En 1971, Bokassa s'était promu au grade de Général et le 4 mars 1972, il s'était finalement déclaré Président de la République à vie.

Il a survécu à une tentative de coup d'Etat en décembre 1974.

Soutien extérieur

Mouammar Kadhafi a aidé Bokassa. La France a également prêté son assistance. En 1975, le président français Valéry Giscard d'Estaing s'était déclaré publiquement ami et membre de la famille Bokassa.

En échange, Bokassa a fourni à la France de l'uranium qui était indispensable pour construire des armes nucléaires.

Après une rencontre avec Kadhafi en septembre 1976, Bokassa décida de se convertir à l'Islam en changeant son nom à Salah Eddine Ahmed Bokassa.

Proclamation de l'Empire

En septembre 1976, Bokassa va dissoudre le gouvernement en faveur du Conseil de la Révolution Centrafricaine.

Le 4 décembre 1976, lors du congrès à du Mesan, Bokassa va se reconvertir au catholicisme pour instituer une nouvelle constitution qui transformera la République centrafricaine en Empire centrafricain. Il se fera désormais appelé Sa Majesté Bokassa 1er.

Il sera officiellement couronné lors d'une cérémonie officielle le 4 décembre 1977.

Chute et fin de L'Empire

Après la mort de plusieurs étudiants à Bangui, les troupes françaises avaient lancé l'Opération Barracuda qui avait pris le contrôle de l'Empire centrafricain et restauré l'ancien président David Dacko au pouvoir.

Le 21 septembre, David Dacko va proclamer la fin de l'Empire centrafricain et la restauration de la République centrafricaine.

Pendant les sept ans de Bokassa en exil, il écrivit ses mémoires après s'être plaint que sa pension militaire française était insuffisante.

Bokassa a dit qu'il partageait les femmes avec le président Valéry Giscard d'Estaing, qui avait réellement été un invité fréquent en République centrafricaine.

Bokassa a également affirmé avoir donné Giscard Destin un don de diamants d'une valeur d'environ ¼ de million de dollars en 1973.

Procès et décès

Bokassa avait été jugé et condamné à mort par contumace en décembre 1980 pour l'assassinat de nombreux rivaux politiques.

Bokassa a été immédiatement arrêté par les autorités centrafricaines dès son retour au pays et a été jugé pour 14 chefs d'accusation différents, y compris pour trahison, crimes, cannibalisme, coups et blessures, et détournement de fonds publics.

Bokassa a plaidé non coupable à toutes les accusations portées contre lui.

Le procès de Bokassa a commencé le 15 décembre 1986, qui aura lieu dans les salles non-climatisées du Palais de Justice de Bangui.

Bokassa avait embauché deux avocats français, François Gilbault et Francis Szpiner.

Le procès a été écouté et regardé dans toute la République centrafricaine et dans les pays voisins.

Le procureur était Gabriel-Faustin M'Boudou, le procureur général de la RCA, qui avait appelé plusieurs témoins à témoigner contre Bokassa.

Tout au long du procès, Bokassa a nié toutes les accusations portées contre lui.

Témoignant pour sa propre défense, Bokassa a déclaré : « Je ne suis pas un saint, je suis juste un homme comme tout le monde ».

L'une des allégations les plus sinistres contre Bokassa était l'accusation de cannibalisme.

En République centrafricaine, les lois interdisant le cannibalisme sont classées comme crimes.

L'ancien président Dacko a été appelé à la barre des témoins pour témoigner qu'il avait vu des photographies des corps massacrés suspendus dans les chambres froides du palais de Bokassa immédiatement après le coup d'État 1979.

Le 12 juin 1987, la justice a acquitté Bokassa pour les accusations de cannibalisme, mais l'a reconnu coupable pour les autres frais.

Le 29 février 1988, le Président Kolingba a démontré son opposition à la peine capitale par l'annulation de la peine de mort contre Bokassa.

Avec le retour de la démocratie en République centrafricaine en 1993, Kolingba a déclaré une amnistie générale pour tous les prisonniers, et Bokassa a été libéré le 1er août 1993.

Bokassa est mort d'une crise cardiaque le 3 novembre 1996 à son domicile de Bangui

Il avait 75 ans, 17 femmes et 50 enfants.

Beaucoup de gens avaient décrit Bokassa comme un fou égoïste et un dictateur sanguinaire.

En 2010, le président François Bozizé avait promulgué un décret réhabilitant le statut de Bokassa en l'appelant fils de la nation et grand bâtisseur.

André Kolingba

André Dieudonné Kolingba, né le 12 août 1936 et mort le 7 Février 2010, était le quatrième président de la République centrafricaine (RCA).

Il a pris le pouvoir à travers un coup d'État qui avait renversé le président David Dacko en 1981.

Jeunesse

André Dieudonné Kolingba est né le 12 août 1936 à Bangui, la capitale de la colonie française de l'Oubangui-Chari. Membre du groupe ethnique Yakoma, Kolingba a rejoint l'armée française en 1954 et a été transféré dans l'armée centrafricaine à l'indépendance en 1960.

Il est devenu un sous-lieutenant le 1er Octobre 1964, colonel, puis Général de brigade le 3 avril 1973. Il a été l'aide-de-camp de Sa Majesté Impériale Bokassa I, puis a servi brièvement comme ambassadeur de la RCA au Canada et en Allemagne avant d'être nommé ministre en mars 1979.

Quand l'empereur Bokassa a été renversé en 1979 et David Dacko restauré au pouvoir par les français, le Général Kolingba avait été nommé chef d'état-major de l'Armée Centrafricaine.

Coup d'État de Kolingba

En septembre 1981, le Général Kolingba va renverser David Dacko par coup d'État.

Les français ont soutenu Kolingba jusqu'à la chute du mur de Berlin et la naissance des mouvements pro-démocratie d'Afrique au début des années 1990.

Kolingba a ensuite créé un Comité militaire pour la reconstruction nationale pour diriger le pays.

Une nouvelle Constitution a été approuvée et des élections ont été organisées

Après avoir été élu pour une période de six ans, Kolingba va annoncer la création d'un nouveau parti unique, le Rassemblement démocratique africain (RDC).

En Mars 1991, Kolingba a accepté de partager le pouvoir avec Edouard Frank, qu'il nommera Premier ministre.

Il va également établir une commission pour réviser la constitution en vue de promouvoir le pluralisme.

Élections présidentielles démocratiques

Le 3 dévrier 1993, Kolingba va créer un organe provisoire, le Conseil National Politique Provisoire de la République. Le 28 février 1993, Abel Goumba, le chef de l'opposition des forces démocratiques pour le dialogue (Concertation des Forces Démocratiques), avait annoncé que le président Kolingba n'était plus légitime.

Ne voulant pas céder, Kolingba restera à son poste, mais le groupe des représentants de la communauté internationale (GIBAFOR), notamment les États-Unis et la France, vont l'obliger à organiser des élections libres.

Lors des élections présidentielles, Kolingba arrivera en quatrième position avec seulement 12% des voix.

Angé Félix Patassé va remporter le deuxième tour de l'élection présidentielle le 19 septembre 1993.

Tentative de coup d'État

Le 28 mai 2001, un coup d'État avait été tentée contre le président Patassé. Patassé avait accusé Kolingba et ses partisans de chercher à déstabiliser son régime. C'est ainsi que Kolingba choisira de se réfugier en Ouganda.

Kolingba est finalement revenu à Bangui le 5 octobre 2003, au cours des derniers jours du Dialogue national organisé par le président Bozizé.

Le 7 octobre 2003, Kolingba va assister à la conférence pour demander publiquement pardon pour les excès commis pendant son règne avant de s'envoler pour la France le 2 novembre 2003. Kolingba est mort le 7 février 2010 à Paris.

Ange Félix Patassé

Ange-Félix Patassé, né le 25 Janvier 1937 et mort le 5 avril 2011, était le président de la République centrafricaine de 1993 à 2003.

Patassé a été le premier président de l'histoire de la RCA à être élu démocratiquement en 1993.

Il avait été réélu une deuxième fois lors d'une élection équitable en 1999.

Jeunesse

Patassé est né à Paoua, la capitale de la province nord-ouest de Ouham Pendé. Il appartenait au groupe ethnique Sara-Kaba qui prédomine la région autour de Paoua. Le père de Patassé, Paul Ngakoutou, qui avait servi dans les forces militaires françaises libres pendant la Seconde Guerre mondiale, était un membre de l'ethnie Sara-kaba et a grandi dans un petit village au nord-est de Boguila. La mère de Patassé,

Véronique Goumba, appartenait au groupe ethnique du nord-ouest, les Kare.

Comme Patassé a passé une grande partie de sa jeunesse à Paoua, beaucoup de ses partisans politiques les plus fidèles étaient Kaba.

Après avoir fréquenté l'école primaire, Patassé a étudié l'agriculture en France, où il a reçu un baccalauréat technique qui lui a permis de s'inscrire à l'Académie Supérieure d'Agriculture Tropicale à Nogent-sur-Marne, puis à l'Institut national agronomique de Paris.

Il a terminé ses études à Paris en 1959, un an avant l'indépendance de la République centrafricaine.

Carrière politique

Patassé a rejoint la fonction publique centrafricaine en 1959, peu de temps avant l'indépendance. Il est devenu ingénieur agronome et inspecteur agricole du ministère de l'Agriculture en Juillet 1963, sous la présidence de David Dacko.

En décembre 1965, Dacko l'avait fait nommé Directeur de l'Agriculture et Ministre du Développement.

En 1966, Jean-Bedel Bokassa a pris le pouvoir lors d'un coup d'État. Patassé était le cousin de l'épouse principale du président Bokassa, Catherine Denguiade, et a gagné la confiance du nouveau président.

Il a servi dans presque tous les gouvernements formés par Bokassa.

Après que Bokassa est devenu Empereur Bokassa I, Patassé sera nommé Premier ministre et chef du premier gouvernement impérial.

Il est resté dans ce poste pendant 2 ans avant de démissionner pour des raisons de santé.

Patassé a ensuite quitté le pays pour la France, où il est resté en exil jusqu'à la chute de Bokassa en septembre 1979.

Peu avant la chute de Bokassa, Patassé avait annoncé son opposition à l'empereur, et la fondation du Front de Libération du Peuple Centrafricain (FLPC).

Retour au pays

Patassé est retourné dans son pays pour se présenter comme candidat à l'élection présidentielle du 15 mars 1981.

Quelques mois plus tard, le 1er septembre 1981, le Général André Kolingba va renverser Dacko lors d'un coup d'État sans effusion de sang.

Patassé va ensuite quitter la République centrafricaine pour vivre en exil une fois de plus.

Mais le en février 1982, Patassé va revenir au pays pour participer à une tentative de coup d'État contre le Général Kolingba, avec l'aide de quelques officiers de l'armée comme le Général François Bozizé.

Après des négociations entre le Président Kolingba et la France, Patassé sera autorisé de partir en exil au Togo.

Après avoir vécu à l'étranger pour près d'une décennie, Patassé va revenir dans son pays en

1992 pour participer aux élections présidentielles en tant que chef du Mouvement pour la libération du peuple centrafricain (MLPC).

Président de la République

Patassé était le vainqueur du deuxième tour de l'élection présidentielle du 19 septembre 1993, battant Kolingba, David Dacko et Abel Goumba.

Il prendra ses fonctions le 22 octobre 1993.

En grande partie grâce à la pression étrangère notamment des Etats-Unis et l'appui technique de l'ONU, pour la première fois les élections ont été justes et démocratiques en République centrafricaine.

Patassé est ainsi devenu le premier président de l'histoire de la nation à conquérir le pouvoir démocratiquement.

Il avait le soutien de la plupart de son ethnie, les Sara-kaba, qui est le plus grand groupe ethno-linguistique de la République centrafricaine.

Entre 2001 et 2002, Patassé a soupçonné plusieurs personnes d'avoir tenté de prendre le pouvoir par la force. Il accusera le Général André Kolingba et tentera de faire arrêter le Général Bozizé qui quittera le pays pour le Tchad avec des forces militaires fidèles à lui.

Coup d'État de Bozizé

Patassé avait quitté le pays pour une conférence au Niger lorsque les forces militaires du Général Bozizé ont pris le contrôle de la capitale Bangui en mars 2003. Patassé a ensuite choisi l'exil au Togo.

Bien que désigné comme candidat du MLPC à la présidence de 2005, le gouvernement de Bozizé n'avait pas validé sa candidature.

Après un accord signé à Libreville, au Gabon, le 22 janvier 2005, tous les candidats de l'élection présidentiel avaient été autorisés à se présenter, sauf Patassé qui faisait l'objet d'une procédure judiciaire.

Patassé a été accusé d'avoir volé 70 milliards de francs CFA au trésor public.

Il avait également été accusé de crimes de guerre dans le cadre des violences qui ont suivi le coup d'État manqué de 2002, au cours desquelles les rebelles du Mouvement de la Libération du Congo (MLC) de Jean Pierre Bemba, étaient venus pour soutenir son régime.

Patassé et le chef rebelle congolais Jean-Pierre Bemba avaient été accusés de crimes de guerres et de crimes contre l'humanité en Septembre 2004.

Cependant, le gouvernement de la République centrafricaine a été incapable de les arrêter et ont renvoyé l'affaire en avril 2006 à la Cour pénale internationale (CPI).

En mars 2006, le gouvernement centrafricain a accusé Patassé de recruter des rebelles et des mercenaires étrangers pour déstabiliser le pays.

Lors d'un congrès extraordinaire du MLPC en juin 2006, Patassé avait été suspendu du parti et Martin Ziguélé élu président du parti.

Patassé avait déclaré en juin 2009 qu'il quittera son exil togolais pour rentrer à Bangui en vue de l'élection présidentielle de 2010, dans laquelle il envisageait de se présenter comme candidat.

Bien que Ziguélé dirigeait le MPLC, Patassé avait déclaré qu'il convoquerait un congrès à son retour.

Il est finalement retourné à Bangui le 30 octobre 2009 où il avait rencontré Bozizé pour discuter ensemble sur les problèmes de la République centrafricaine dans une atmosphère fraternelle.

Après sa rencontre avec le président Bozizé, Patassé était officiellement candidat à la présidentielle de 2010 où il avait terminé deuxième, loin derrière Bozizé.

Patassé a ensuite été hospitalisé à Douala au Cameroun avant de mourir le 5 avril 2011.

François Bozizé

François Bozizé Yangouvonda, né le 14 Octobre 1946, est un homme politique centrafricain qui a été le Président de la République centrafricaine de 2003 à 2013.

Jeunesse

Bozizé, né au Gabon est un membre de l'ethnie Gbaya. Après ses études secondaires, il va intégrer le collège des officiers à Bouar.

En 1969, Bozizé deviendra lieutenant et capitaine en 1975. Il sera ensuite nommé Général par l'empereur Jean-Bedel Bokassa en 1978, après avoir battu un sous-officier français qui avait été impoli envers le président.

Bozizé avait été nommé ministre de la Défense après l'opération Barracuda. Après la chute du régime de David Dacko, André Kolingba va nommer Bozizé ministre de l'information en septembre 1981.

Après son implication dans une tentative de coup d'État manqué dirigé par Ange-Félix Patassé le 3 mars 1982, Bozizé va ensuite trouver refuge en France. Il sera arrêté à Cotonou, au Bénin en juillet 1989, emprisonné et torturé.

Il sera jugé par Kolingba et acquitté le 24 septembre 1991 pour être ensuite libéré de prison le 1er décembre.

Bozizé sera candidat aux élections présidentielles de 1993 en tant qu'indépendant et receva 12,159 votes, soit 1,5% du total des suffrages exprimés.

Soutien à Patassé

Pendant de nombreuses années, Bozizé a été considéré comme un partisan de Patassé et l'a aidé à réprimer les mutineries de l'armée en 1996 et 1997. C'est dans ce sens que Bozizé avait été nommé chef d'état-major des Forces armées.

Opposant à Patassé

Le 28 mai 2001, un coup d'État manqué avait tenté de renverser le président Patassé qui avait survécu à l'aide des troupes libyennes et des rebelles congolais du Mouvement pour la libération du Congo.

Après que Bozizé ait été démis de ses fonctions de chef d'état-major de l'armée, des combats avaient éclaté lorsque le gouvernement tentera de l'arrêter le 3 novembre. Bozizé va ensuite fuir au nord du pays vers le Tchad.

Cette période a été marquée par des tensions entre le Tchad et le gouvernement de Patassé. Le parti au pouvoir de Patassé a accusé le président tchadien, Idriss Déby de déstabiliser la

République centrafricaine en soutenant Bozizé avec des hommes et du matériel militaire.

Coup d'État de Bozizé

Le 15 mars 2003, Bozizé va finalement réussir à prendre le pouvoir avec ses forces en prenant le contrôle de Bangui sans opposition.

Patassé revenant d'un sommet au Niger et n'avait pas pu atterrir parce que les forces de Bozizé contrôlaient l'aéroport.

Le 23 mars, Bozizé va nommer Abel Goumba comme Premier ministre.

Le 30 Décembre 2004, Bozizé a été l'un des cinq candidats de l'élection présidentielle prévue pour début de 2005.

Bozizé va gagner le deuxième tour de l'élection présidentielle avec 64,6% des voix contre Martin Ziguélé. Il prêtera serment le 11 juin.

En plus d'être président, Bozizé a été ministre de la Défense nationale depuis la prise du pouvoir.

En outre, les membres de la tribu Yakoma de Kolingba dans le sud, constituaient une menace potentielle pour le gouvernement de Bozizé en raison de leur boycott généralisé du second tour des élections législatives.

Coup d'État de la Séléka

Le 10 décembre 2012, le Séléka va prendre le contrôle des villes de N'Délé, Sam Ouandja et Ouadda.

Le 27 décembre, Bozizé va demander une aide internationale pour aider à combattre la rébellion.

Le 11 janvier 2013, un accord de cessez-le feu sera signé à Libreville, au Gabon.

Après l'accord de Libreville, Bozizé va signer un décret qui nommera un Premier ministre de l'opposition en la personne de Nicolas Tiangaye.

Le 22 mars, les rebelles vont prendre le contrôle des villes de Damara et de Bossangoa à moins de 22 kilomètres de Bangui.

Le 24 mars, les forces rebelles lourdement armées vont finalement attaquer Bangui et prendre le contrôle des structures importantes, y compris le palais présidentiel.

Bozizé et sa famille vont fuir à travers vers la République démocratique du Congo (RDC), puis à Yaoundé au Cameroun.

Michel Djotodia

Michel Am-Nondokro Djotodia, né en 1949 dans la Vakaga, est un homme d'État et militaire centrafricain de l'Union des forces démocratiques pour le rassemblement (UFDR), membre de la Séléka, qui s'était auto-proclamé président de la République le 24 mars 2013 après le renversement et la fuite du président François Bozizé.

Il démissionnera de ses fonctions le 10 janvier 2014.

Faustin Archange Touadéra

Faustin-Archange Touadéra, né le 21 avril 1957, est un homme politique et universitaire qui a été Président de la République centrafricaine depuis mars 2016. Il a servi comme Premier ministre de janvier 2008 à janvier 2013.

Jeunesse

Touadéra, né à Bangui en 1957, est originaire de Damara, au nord de Bangui. Il a fait ses études secondaires au Collège Barthelemy Boganda à Bangui avant d'intégrer l'Université de Bangui et l'Université d'Abidjan. Il a obtenu un doctorat en mathématiques en 1986.

En 1987, il devient professeur assistant de mathématiques à l'Université de Bangui et a été vice-doyen de la Faculté des sciences de l'Université de 1989 à 1992.

Touadéra a ensuite servi comme recteur de l'université de 2005 à 2008, au cours de laquelle il lancera plusieurs initiatives clés, telles que le programme de formation à l'entrepreneuriat.

Premier ministre

Touadéra a été nommé Premier ministre par le président François Bozizé le 22 janvier 2008, suite à la démission de Elie Doté.

Un dialogue national a eu lieu en décembre 2008, au cours duquel Bozizé va ensuite dissoudre le gouvernement Touadéra.

Après la chute de Bozizé, Touadéra va annoncer son intention de se présenter comme candidat indépendant à l'élection présidentielle d'octobre 2015.

Président de la République

Après avoir terminé deuxième lors du premier tour de l'élection présidentielle de 2015, il sortira vainqueur du deuxième tour avec 62% des voix.

Faustin-Archange Touadéra a prêté serment le 30 mars 2016 comme nouveau Président de la République centrafricaine.

Il nommera Simplice Sarandji qui était le directeur sa campagne, Premier ministre le 2 avril 2016.

165

Notes et Références

La République centrafricaine (RCA) est un pays enclavé d'Afrique centrale. (page 9)

Le climat de la République centrafricaine est généralement tropical, avec une saison des pluies qui dure de juin à septembre dans les régions du nord du pays... (page 11)

La RCA est membre de l'Organisation pour l'Harmonisation du Droit des Affaires en Afrique... (page 17)

Les Mégalithes de Bouar dans les régions ouest du pays indiquent un niveau d'habitation datant du Néolithique (3 500 à 2 700 ans avant Jésus-Christ). (page 23)

Le Sultan soudanais Rabah a gouverné la Haute-Oubangui, qui inclus la RCA actuelle en 1875. (page 32)

En 1946, tous les habitants de l'AEF ont obtenu la citoyenneté française et ont reçu le droit d'établir des assemblées locales. (page 39)

Ange-Félix Patassé était en tête du premier tour et Kolingba arrivait en quatrième position derrière Abel Goumba et David Dacko. (page 44)

En effet, les membres de la tribu Yakoma ont toujours dominé les effectifs des forces armées centrafricaine (FACA). (page 50)

Plus tard, les forces rebelles vont atteindre Damara, en contournant la ville de Sibut où environ 150 soldats tchadiens étaient stationnés avec des troupes du gouvernement. (page 56)

En outre, le Chef d'État-Major général de l'armée, Guillaume Lapo avait été mis de côté en raison de son incapacité à arrêter les rebelles. (page 62)

Le 24 mars, les rebelles vont atteindre le palais présidentiel dans le centre de la capitale, où des coups de feu vont éclater. (page 68)

Un conflit interne en République centrafricaine avait éclaté le 13 avril 2013, entre le gouvernement de l'ex-coalition Séléka principalement musulmans, et la coalition majoritairement chrétienne anti-Balaka. (page 74)

En plus de l'autorisation de la force, la résolution du Conseil de sécurité a imposé un embargo sur les armes et a demandé à l'ONU de se préparer pour une mission de maintien de la paix. (page 80)

Le Chef d'état-major général, Ferdinand Bomboyeke avait aussi appelé ses troupes à retourner dans leurs casernes. (page 86)

Samba-Panza affirmé que la pauvreté et l'échec de la gouvernance étaient causées par les conflits. (page 92)

En septembre 2015, au moins 42 personnes ont été tuées à Bangui lorsque les musulmans ont attaqué un quartier majoritairement chrétien. (page 97)

Les activités françaises dans la région ont commencé en 1889 avec l'établissement de l'avant-poste Bangui. (page 103)

En 1942, l'AEF a été administré par un gouverneur général, qui avait la direction suprême de tous les services, à la fois civile et militaire. (page 107)

En septembre 1976, Bokassa va dissoudre le gouvernement en faveur du Conseil de la Révolution Centrafricaine. (page 110)

Boganda est né dans une famille d'agriculteurs de subsistance à Bobangui, un grand village M'Baka dans le bassin de Lobaye. (page 114)

Les français haïssaient Boganda en particulier, le considérait comme un démagogue révolutionnaire dangereux et une menace pour leurs entreprises. (page 119)

Les Etats-Unis d'Afrique latine était le projet d'union des pays d'Afrique centrale parlant les langues latines et envisagés par Barthélémy Boganda en mai 1957. (page 125)

Après l'indépendance, le 13 août 1960, David Dacko deviendra Président de la République du 12 décembre 1960 au 31 décembre 1965. (page 128)

Jean-Bedel Bokassa, né le 22 février 1921 et mort le 3 novembre 1996, était le Président de la République Centrafricaine... (page 133)

Bokassa avait été jugé et condamné à mort par contumace en décembre 1980 pour l'assassinat de nombreux rivaux politiques. (page 141)

En Mars 1991, Kolingba a accepté de partager le pouvoir avec Edouard Frank, qu'il nommera Premier ministre. (page 147)

Patassé a été le premier président de l'histoire de la RCA à être élu démocratiquement... (page 149)

Bozizé, né au Gabon est un membre de l'ethnie Gbaya. Après ses études secondaires, il va intégrer le collège des officiers à Bouar. (page 157)

Faustin-Archange Touadéra a prêté serment le 30 mars 2016 comme nouveau Président de la République centrafricaine. (page 164)

www.ingramcontent.com/pod-product-compliance
Lightning Source LLC
Chambersburg PA
CBHW072137160426
43197CB00012B/2141